www.tredition.de

AF216758

Jörg Steinfeldt

Die Liebe

Über das größte und schönste Gefühl heute

www.tredition.de

© 2021 Jörg Steinfeldt

Verlag und Druck: tredition GmbH, Halenreie 40-44, 22359 Hamburg

ISBN
Paperback: 978-3-347-26856-2
Hardcover: 978-3-347-26857-9
e-Book: 978-3-347-26858-6

 # Inhalt

 # Über den Autor

Jörg Steinfeldt, geboren 1962 in Hamburg, ist seit über siebenundzwanzig Jahren verheiratet und hat drei erwachsene Kinder. Er ist Jurist und war über fünfundzwanzig Jahre Führungskraft bei einem internationalen Spezialversicherer. Er lebt in Hamburg.

1 Das Megathema

„Schreib´ doch mal ein Buch über die Liebe" sagte Leila zu mir.

Die Liebe?

Das Megathema?

„Ich liebe Dich!" ist wohl der weltweit meistgesagte Satz. Zumindest der meistgewünschte Satz. Wer sehnt sich nicht nach Liebe, geliebt zu werden, zu lieben? Lieben zu können.

Kaum ein Roman, ein Film, ein Bild, ein Lied, ein Theaterstück, bei dem es nicht um Liebe geht. Es ist nicht immer so direkt wie bei „Romeo und Julia" oder „Pretty Woman", aber mit schwingt das Thema Liebe fast immer.

Das Wort „Liebe" ist in unserer Sprache allgegenwärtig, ja es wird als Substantiv, aber vor allem als Verb geradezu inflationär benutzt. „Ich liebe" dieses oder jenes ist der Sammelbegriff, um sich positiv auszudrücken. Hinzu kommen übernommene Worte, die für Liebe stehen wie „Love", das in der Jugendsprache allgegenwärtig ist, oder das griechische Präfix „Phil". So meint Philosophie ursprünglich die Liebe zur Weisheit, Philanthropie die Liebe zu Menschen, Philologie die Liebe zur Sprache und Literatur und so weiter. Früher wie heute ist Liebe offensichtlich nicht nur in enger Auslegung in Bezug auf einen Menschen zu sehen, sondern weiter gefasst auch auf andere Lebewesen und Dinge.

So präsent das Thema Liebe ist, so merkwürdig ist, dass es in den Buchhandlungen zahlreiche Kategorien zu Gesundheit und Ratgeber für das Leben, Esoterik, Religion, Sexualität oder Beziehungen gibt, aber es findet sich keine Kategorie „Liebe". Sie ist offensichtlich ein Phänomen, dem auch Bücher nicht so klar zuzuordnen sind.

Liebe ist ein so großes Wort, das sofort Assoziationen, Wünsche und Reize auslöst. Und dabei ist es doch auch so diffus. Jeder weiß, was gemeint ist, und doch versteht jeder etwas anderes darunter.

„Ich liebe Dich" ist schnell gesagt. Ich habe einen Bekannten, der sagt seiner Frau jeden Tag, dass er sie liebt. Seine Frau findet das gut. Meine Frau fände es auch gut, wenn ich es ihr jeden Tag sagen würde. Tue ich aber nicht. Liebe ich deshalb weniger, schlechter, oder vielleicht nur anders? Drücke ich meine Liebe anders aus, durch Blicke, Gesten, Taten? Jeder von uns hat unterschiedliche Vorstellungen, über die Art, den Ausdruck und die Tiefe von Liebe.

Liebe braucht nicht immer große Worte. Viel öfter sind es Blicke und Gesten, die Liebe zum Ausdruck bringen. Paul McCartney, der Chrissie Hynde auf dem Live Aid Concert nach vorne schiebt nach dem Motto „Hey, es ist Deine Bühne". Stevie Nicks, die während eines späteren Fleetwood Mac Konzerts zu „Landslide" Lindsey Buckingham, mit dem sie früher auch zusammen war, von hinten die Schultern drückt. Er schließt die Augen. Da strömen 30 Jahre innige Beziehung mit allen Höhen und Tiefen durch „YouTube". Bruce Springsteen, der auf der Tour nach dem Tod seines Freundes und

Saxophonisten Clarence Clemons zur und nach der Zeile „And the Big Man joined the band" in „Tenth Avenue Freeze-out" – der „Big Man" war Clemons – riesige Bilder von ihm zeigte und mit dieser Hommage das ganze Stadion in Hannover zu Tränen rührte.

Daniel Van Buyten, der als HSV-Kapitän einen verletzten Mitspieler vom Feld trägt, als wäre es sein Kind.

Der - angeblich spontane - Kniefall von Willy Brand 1970 in Warschau, der alle Trauer, Scham, Verantwortung und Respekt bündelt, durch einen Mann, der keine Schuld auf sich geladen hatte, aber als Bundeskanzler für alle Deutschen handelte.

Ein Blick, eine Geste, solche Momente können für uns die Welt verändern.

Jeder sucht die Liebe, möchte geliebt werden, aber nicht jeder findet sie und nicht jeder findet sein Glück, seine Erfüllung darin. Was erwarte ich von ihr? Wie drücke ich sie aus? Will ich lieben oder doch eher geliebt werden? Bin ich bereit, in die Liebe zu investieren, weil Liebe nicht von alleine kommt und sich nicht von selbst hält? Bin ich bereit zu Kompromissen, mich anzupassen, zurückzustecken? Was ist Liebe und wo kommt sie her? Wie habe ich Liebe erlebt, durch die Eltern, meine Beziehungen zu Menschen und meine Umwelt?

Liebe ist komplex. Es geht nicht nur um mich, sondern auch um Andere, zumindest jeweils einen anderen „Geliebten". Wie reagiert der, was will der, was erwartet der von der Liebe, von mir?

Liebe ist eine tiefe Regung, ein elementares Bedürfnis, eines der schwierigsten menschlichen Themen. Sie muss von irgendwo herkommen und in uns veranlagt sein. Aber woher kommt dieses Herzklopfen?

Bruce Springsteen hat den Unterschied zwischen allgemeiner, distanzierter Theorie und dem praktischen, konkreten Leben in "No Surrender" in eine einzige Zeile gepackt: "We learned more from a three-minute record baby than we ever learned in school." Dort die Schulen und die Lehrer (die er in der Zeile zuvor als "fouls" bezeichnet), die abstraktes Allgemeinwissen anbieten, hier der Rock ´n´ Roll als Resonanz und Ausdrucksmittel der gegenwärtigen Bedürfnisse von Teenagern. Zur Liebe, ihrem Wesen, ihrer Bedeutung und dem Umgang mit ihr lernen wir in der Schule nichts. Dafür lernen wir dazu im Leben nie aus.

Angesichts der Übermacht des Themas Liebe in unserer Gesellschaft kann sie schnell als Pflicht gesehen werden. Nur wer liebt/geliebt wird ist glücklich und damit cool. Doch wenn die Liebe zur Norm wird, bedeutet sie Druck. Wer zwanghaft meint, lieben und geliebt werden zu müssen, um eine gesellschaftliche Norm zu erfüllen, wird kaum glücklich werden.

Im Zwang liegt immer eine Übertreibung und wer übertreibt, ist nicht mehr originär, nicht mehr er oder sie selbst. Im Zwang liegt immer auch eine Flucht, vor der Realität, vor sich selbst. Liebe als zwanghafte Voraussetzung für ein glückliches Leben macht unglücklich.

Deutschland ist ein Land der Regeln und Normen. Und bei allem Wandel in der Gesellschaft, die meisten von uns halten, ja orientieren sich nach wie vor an ihnen. Einige behaupten, das sei in unserer DNA enthalten. Regeln und unsere Regeltreue ist ein Teil, der zum großen Erfolg der Deutschen beiträgt, sei es in der Wirtschaft oder im Gemeinwesen. Hinzu kommt, dass unser Leben heute von Zahlen beherrscht wird. Alles wird in Zahlen ausgedrückt und bemessen, alles kann berechnet werden. Und dann kommt die Liebe. Dieses Gefühl, dieser Zustand in Liebe ist so anders, da führen uns die üblichen Kategorien von ja oder nein, richtig oder falsch und null oder eins nicht weiter.

Was wäre, würde jeder von uns allein in einem Vakuum leben? Wen oder was könnten wir lieben? Wohl nichts. Wir könnten Liebe nicht wirken lassen, weil uns ein Mensch fehlen würde, auf den wir unsere Liebe beziehen könnten. Weil Liebe ohne Bezug auf einen Anderen nicht funktioniert. Es bliebe nur, sich selbst zu lieben. Ob wir auf die Idee kämen, ist offen, aber ziemlich unwahrscheinlich, wie wir sehen werden. Die Liebe ist die wichtigste, weil stärkste Verbindung, die wir zu einem anderen Menschen haben können. Liebe kann Einsamkeit verdrängen. Ob Liebe uns wirklich vor dem Gefühl von Einsamkeit bewahrt, ist fraglich, aber sie hilft dabei ungemein.

Wir sind heute mehr denn je auf Erfolg getrimmt. Selbstoptimierung ist „in". Uns wird suggeriert, nur wer Erfolg hat, ist ein guter Mensch, ist ein beachtenswerter Mensch, hat es geschafft. Werbung, unsägliche Wettbewerbsshows in der Glotze und der ständige Vergleich mit den Anderen befeuern uns täglich, bloß kein Opfer zu sein. Die Jüngeren, oft wohlbehütet aufgewachsen, scheinen besonders anfällig zu sein, mit Niederlagen nicht gut klarkommen zu können. Und worauf lasse ich mich ein bei der Liebe?

Ich setze alles auf eine Karte, sprich auf einen Menschen. Was ist, wenn der diese Liebe nicht erwidert, wenn die Beziehung scheitert? Scheitert dann mein ganzes Leben? Bin ich dazu bereit oder sollte ich mich gar nicht erst auf so ein Risiko einlassen? Keiner hat uns ein liebeserfülltes Leben versprochen. Die Herausforderung ist, mit Enttäuschungen klarzukommen, sie auszuhalten, darüber hinwegzukommen. Keiner hat uns darauf vorbereitet. Liebe ist für uns nicht immer und ausschließlich eine Erfolgsstory. Sie ist auch anstrengend. Aber nichts scheint mehr Sinn und Erfüllung für uns zu versprechen.

Dieses Buch ist kein Ratgeber für die Liebe oder für Beziehungen á la „mach das so und so" und alles wird gut. Liebe lässt sich nicht abstrakt lernen, sie erschließt sich uns nur über das Er-Leben. Jeder ist autonom, für sich selbst verantwortlich, muss selbst Entscheidungen treffen. Das Buch soll anregen, sich mit dem Thema auseinanderzusetzen, Denkanstöße geben, um sich selbst zu finden und vielleicht weniger gleichgültig und stumpf durch das Leben zu gehen.

Es soll Mut machen zu mehr seelischer Freiheit und Wachheit, häufiger und intensiver zu lieben, Hemmungen und Blockaden in der Entfaltung der Liebesfähigkeit aufzulösen. Achtsamkeit, eigene Gefühle wach und vorurteilslos genau zu betrachten. Liebe ist ein, wenn nicht der Weg zu Glück, Zufriedenheit, Gesundheit und Weisheit. Und zu einem interessanten, spannenden und erfüllten Leben, ups and downs inklusive.

Der Einfachheit und Lesbarkeit halber verwende ich im Text meist nur eine Form der Geschlechtsbezeichnung.

 **2** **Das Wesen der Liebe**

Was ist die Liebe, die uns unser Leben lang auf welche Art und Weise auch immer beschäftigt? Können nur Menschen lieben? Zumindest wissen wahrscheinlich nur wir, dass wir es können.

Wir denken, wir sind selbstbestimmt, haben alles unter Kontrolle. Unsere Welt ist sachlich. Arbeit, Zahlen, Geld und wo wir bei alldem bleiben beherrschen uns. Und dann ist da diese verrückte Sache Liebe. Sie bringt uns von einem Extrem ins andere. Vielleicht wirkt sie deshalb so vehement und verstörend auf uns.

Der Begriff der Liebe ist unklar. Es gibt keine allgemeingültige Definition. Die partnerschaftliche Liebe, auch geschlechtliche Liebe genannt, kann als eine starke, auf seelische, geistige und körperliche Anziehung beruhende Bindung an den Partner verstanden werden. Diese innige und tiefe Verbundenheit ist getragen von einem positiven inneren Verhältnis zu dem Anderen.

Dabei stellt sich die Frage, ob die Bindung die Liebe ist oder ob sie nicht eher die Manifestierung von Liebe ist. Die Liebe könnte diese Bindung erst ermöglichen. Liebe wäre somit etwas Vorgelagertes und Grundsätzliches.

Im übertragenen Sinn kann Liebe begriffen werden als ein starkes Gefühl des Hingezogenseins und der Zuneigung, zu anderen Lebewesen, aber auch zu Dingen, Tätigkeiten oder Ideen. Liebe kann sich auf so ziemlich alles beziehen. Eltern, Kinder, Familie, Freunde, Tiere, Pflanzen, Hobbys, Heimat, Städte, Länder, Vorbilder, Ideologien, Institutionen.

So liebe ich einen Fußballverein als solchen, denn die Spieler wechseln ständig. Die Universitätsklinik Hamburg Eppendorf liebe ich der Menschen wegen, die ich nicht wirklich kenne, die aber schon allen in meiner Familie, meinen drei Kindern und meiner Frau, geholfen haben.

Es gibt nichts, was nicht geliebt werden könnte. In unserer pluralistischen Gesellschaft, in der sich immer jemand findet, auch die extremste Nische zu besetzen, dürfen wir davon ausgehen, dass das wirklich so ist.

Ob wir Liebe als grundsätzliches Gefühl oder erst in ihrer Realisierung als gegeben sehen - Liebe kann unabhängig davon entstehen und da sein, ob sie erwidert wird oder nicht. Das klappt zum Beispiel bei Dingen ohnehin nicht, denn Sachen dürften keine Gefühle haben, können sie uns zumindest nicht zeigen. Es funktioniert aber auch nicht immer mit Menschen, denn wir können unglücklich verliebt sein und Liebeskummer haben.

Liebe braucht einen Bezug zu einem Menschen oder etwas anderem, aber da sie nicht darauf angewiesen ist, dieses Gefühl zurückzubekommen, kommt es nicht auf den geliebten Menschen oder das geliebte Andere an. Liebe ist wie eine Funkwelle, die vom Liebenden ausgesendet wird und den oder das Geliebte umhüllt und nur bestenfalls eindringt und einen Kontakt auslöst. Damit ist Liebe ein individuelles, uns eigenes Gefühl. Ich liebe – oder ich liebe nicht. Es liegt allein an mir.

Doch was Liebesfähigkeit positiv ausgedrückt ist, ist nicht allgemeingültig zu beschreiben. Ist es Erregung, Leidenschaft, Güte? Liebe und die Fähigkeit dazu ist das, was jeder Einzelne sich darunter vorstellt. Was er erwartet, erhofft, befürchtet. Die Deutungshoheit hat jeder für sich.

Erfüllte Liebe ist ein durch und durch positives Gefühl. Sie ist der höchste Ausdruck von Wohlgesonnenheit. Liebe kann eine grundsätzliche Einstellung, ein „Ja" zum Leben sein.

Doch ist es wirklich meine Entscheidung, zu lieben? Jein! Unsere Liebesfähigkeit entwickelt sich, sobald wir auf der Welt sind. Schon Babys spüren, ob sie geliebt werden oder nicht. Liebe gibt uns Sicherheit, dass wir ernährt werden, dass wir gepflegt werden, dass die Mutter wiederkommt. Wir müssen diese Liebe empfangen, um Vertrauen zur Umwelt gewinnen zu können. Können wir das, öffnen wir uns, unseren Beziehungspersonen, dem Leben, der Welt. Dann sind wir selbst bereit und in der Lage, Liebe zu geben.

Die Fähigkeit, lieben zu können, ist Voraussetzung, über unsere Liebe entscheiden zu können. Die Entscheidungsfreiheit hängt also davon ab, ob und in welchem Maße wir Liebe erfahren haben und unsere Liebesfähigkeit entwickeln konnten.

Wir entscheiden als Erwachsene aber auch zu einem guten Teil selbst, mit welcher Einstellung wir dem Leben und den Menschen begegnen. Wer nur zu Hause sitzt, wird kaum einen Menschen treffen, in den er sich verlieben könnte. Wer nur griesgrämig in der Bar hinter seinem Bier sitzt, wird kaum die heiße Frau oder den coolen Typen schräg gegenüber wahrnehmen.

Wenn wir lieben, dann ist das immer eine Entscheidung. Ein „ja" für jemanden beinhaltet immer ein „nein" zu Anderen. Liebe ist Fokussierung auf den geliebten Menschen, das Ende der Suche nach Menschen, die uns begehrenswerter erscheinen könnten. In einer kurzlebigen Welt des „Ich" ist es eine Entscheidung für eine längere Zeit des „Du". Statt auf Quantität in der Breite scheint der Fokus jetzt auf Qualität in der Tiefe. Statt ewig das Absolute zu suchen, das doch nicht kommt, in die Zukunft zu leben und dabei die Liebe zu verpassen, zählt das Positive im Hier und Jetzt, das tiefe Gefühl der Liebe zu spüren.

Bildet sich die Liebesfähigkeit zu Beginn unseres Lebens mittels unserer Bezugspersonen aus, in der Regel die Mutter und der Vater, so brauchen wir später ebenfalls Andere, um zu lieben. So wenig wir für unsere Funkwellen, um im oben gebrachten Bild zu bleiben, grundsätzlich eine Resonanz benötigen, so sehr hoffen wir natürlich in der partnerschaftlichen Liebe darauf, denn ohne Resonanz keine Kommunikation, kein Miteinander, keine Verbindung.

Wir wollen von Anderen wissen, wie wir ankommen, was sie über uns denken, für uns fühlen. Diese Resonanz hilft uns, uns selbst zu finden, einzuordnen, wie wir wirken, wie wir sind. Das Fremdbild, das wir abgeben, ist eine Grundlage unseres Selbstbilds. Das ist ein Wechselspiel, denn Resonanz ist immer auch Anlass, sich zu reflektieren und neu auszurichten. Wir brauchen also Andere, um uns selbst zu finden. Das sind in der Kindheit und in der Pubertät kurvenreiche Pfade. Als Erwachsener sollte eine gewisse Festigkeit erreicht sein.

Der Liebe ist mit Beginn der Mutter/Kind-Beziehung das Prinzip „Geben und Nehmen" inhärent. Wir nehmen Liebe, um selbst Liebe geben zu können. Auch wenn wir oben festgestellt haben, dass, wenn wir lieben, es nicht auf Andere ankommt, und dass wir lieben können, ohne dass unsere Liebe erwidert wird. Das Prinzip „Geben und Nehmen" soll unsere Liebe im Idealfall unser Leben lang begleiten. Zum einen möchten wir unsere Liebe Anderen geben, zum anderen möchten wir selbst geliebt werden. Das Bedürfnis, geliebt zu werden, mag uns nicht bewusst sein, aber es könnte unsere eigentliche Motivation sein, über den Weg, Liebe zu geben, Liebe zu empfangen.

Gerne wird überhöht, das Gefühl der Liebe würde den Zweck oder Nutzen einer zwischenmenschlichen Beziehung übersteigen. Doch wir tun nichts ohne Zweck für uns, auch wenn uns dieser nicht bewusst ist. So hilft uns auch unsere Liebe im Zusammenspiel mit Anderen, uns zu finden, zu definieren und zu entwickeln. Sie befriedigt damit eines unserer existentiellen Bedürfnisse. Geliebt zu werden steht für uns im Fokus, zu lieben ist die Projektion und Hoffnung in den Anderen, uns genau das zu geben.

Macht uns erst unsere Liebesfähigkeit zu Menschen? Wer bei Tieren die Fürsorge der Mutter gegenüber ihrem Nachwuchs oder das Kümmern der Älteren im Rudel beobachtet hat, kann seine Zweifel haben. Andererseits, Liebe ist sicher mehr als ein Instinkt, die Art zu erhalten. Und mehr als ein sexueller Trieb der Arterhaltung, denn

Liebe ist nicht auf das Körperliche zu reduzieren, sondern hat immer eine geistige und seelische Komponente.

Durch Techniken lässt sich zu lieben nicht erlernen. Wir können aber die Ursachen ergründen, weshalb wir so geworden sind, wie wir sind. So können wir Gefühle vielleicht nicht komplett leugnen oder unterdrücken, aber wir können lernen, sie so zu entwickeln, wie wir es für uns für angemessen halten. Genau so können wir lernen, Gefühle zu entwickeln, zum Beispiel dadurch, dass wir uns bewusstwerden, weshalb wir sie bisher nicht in dem Maße haben, wie wir uns das wünschen. Wer hier ein Thema hat, kann das, zum Beispiel mit professioneller Unterstützung eines Psychologen, aufarbeiten. Die Mühe, Klarheit über sich zu suchen, lohnt immer.

Die Liebe ist ein Gefühl

Gefühle gehören zu den wichtigsten Bestandteilen unseres Lebens. Ihre Gesamtheit macht einen großen Teil unserer Seele und unseres Seelenempfindens aus. Mit Geburt sind wir zu Gefühlen fähig, aber ihre Ausprägungen sind abhängig von der Entwicklung, die unser Leben nimmt, von dem Umgang mit uns, den Einflüssen auf uns und den Erfahrungen, die wir machen.

Welche Gefühle dominieren uns, wie gehen wir mit ihnen um? Wie deuten wir unsere Gefühle, haben wir ausgeprägte Gefühle, fühlen wir uns ihnen ausgeliefert oder sind wir selbstbeherrscht? Haben wir unsere Gefühle – in die eine oder andere Richtung – weiterentwickelt?

Gefühle entstehen aus drei Komponenten: unsere Erwartung an etwas, das „Etwas" selbst und unsere Bewertung dessen. Wenn ich eine neue Schallplatte kaufe, kann ich erwarten, dass ich die ganz toll finden werde. Dann höre ich die Platte. Ich finde sie toll. Meine Erwartungen werden erfüllt, ja übertroffen, ich freue mich sehr. Oder ich finde die Platte lau. Dann bin ich nicht traurig, aber schon enttäuscht. Meine Erwartungen sind nicht getroffen. Hätte ich von der Platte nichts oder nicht so viel erwartet, hätte ich mich vielleicht in jedem Fall gefreut, zumindest mehr oder weniger.

Es hat verschiedene Versuche gegeben, Gefühle zu messen. Die haben aber nicht dazu geführt, dass von einheitlich gültigen Gefühlen ausgegangen werden kann. Damit sind Gefühle immer individuell.

Gefühle sind das Produkt von Reizen, die wir über unsere Sinnesorgane aufnehmen. Wir sehen ein Fußballspiel. Unsere Augen geben uns zunächst ein objektives Bild. Es stehen 22 Spieler auf dem Platz, für die Mannschaft A fallen 2 Tore. Diese objektiven Eindrücke arbeiten wir in unsere Psyche ein. Hier werden die objektiven Bilder zu einem subjektiven Ausdruck unseres Ich umgewandelt. Wir gehen mit ihnen um, je nachdem, welches Bewusstsein wir haben und wie wir sie entsprechend bewerten. War ich für Mannschaft A, freue ich mich. Sind die ohnehin Tabellenführer und Team B ist Tabellenletzter, habe ich nichts anderes erwartet. Bin ich für Mannschaft B, bin ich traurig und, da die Hoffnung bekanntlich zuletzt stirbt, auch enttäuscht, dass die Sensation nicht geklappt hat. Meiner Frau wäre das ganze Fußballspiel wahrscheinlich völlig egal. Ein Spiel, dieselben objektiven Daten, die subjektiv mit völlig unterschiedlichen Gefühlen belegt werden.

Gefühle sind in unserem Leben allgegenwärtig. Durch sie erleben wir die Welt. Sie erregen uns in welcher Art und Weise auch immer. Durch sie beurteilen wir das, was geschieht und unterbleibt, welche Qualität und welchen Wert es für uns hat. Es ist uns nicht möglich, etwas zu tun oder zu erleben, ohne dabei Gefühle zu haben, für die Situation, für den Anderen, für uns selbst.

Wie andere Gefühle auch kann das der Liebe unterschiedlich intensiv sein. Ich weiß nicht, ob man „ein bisschen" lieben kann, zumindest kann die Liebe aber wohl zwischen einer „normalen" und einer „großen" Liebe changieren.

Die Gefühle interagieren mit den anderen Bestandteilen unseres Ichs. Wer körperlich groß und stark ist, könnte weniger Angst vor körperlichen Auseinandersetzungen in der Schule haben. Wer verstandesmäßig weiß, dass der Einschlag eines Meteoriten auf der Erde aufgrund vorliegender Berechnungen mehr als unwahrscheinlich ist, der sollte davor weniger Angst entwickeln. So kann das Gefühl „Angst", dessen Anlässe und Ausprägungen, ganz unterschiedlich empfunden werden.

Unser Körper wiederum reagiert auf unsere Gefühle. Wir erröten oder werden weiß wie die Wand. „Gänsehautmoment" ist derzeit das beliebteste Wort von Sportmoderatoren. Unsere Körperhaltung und Atmung, unser Puls und Gehirn, unsere Hormone werden in Wallung gebracht. Über den Körper drücken sich Gefühle aus.

Hinzu kommen unsere Eigenarten und Vorlieben. Haptische Menschen fühlen gerne ein Stück Holz oder Metall, was bei ihnen ein wohliges Gefühl auslösen mag. Anderen ist das Material egal. Marathonläufer brauchen den Rausch des Laufs, andere lassen sich lieber an der Strecke als Zuschauer vom Geschehen und Getränken berauschen.

Nicht nur wir beeinflussen unsere Gefühle, sondern unsere Gefühle auch uns. Nehmen wir Haare. Wenn wir im Hotel Haare zwischen den Bettlaken finden oder, weil das Wasser nicht mehr abläuft, sie als Klumpen in dem Ablauf sehen, finden wir das ekelhaft und ziehen uns zurück. Bei einer geliebten Person sind sie ein Teil, der diese Person und unsere Liebe zu ihr ausmacht. Wir fühlen uns hingezogen, berühren sie mit unseren Händen, vergraben unsere Nase in ihnen, um uns an ihrem Geruch zu berauschen, und küssen sie. So können wir uns Haaren gegenüber ganz unterschiedlich verhalten.

Gefühle werden zudem stark von der jeweiligen Kultur beeinflusst. Jede Zeit hat ihre Regeln. Zur Zeit der Hanse spielte Liebe eine untergeordnete Rolle. Wirtschaftliche Interessen standen im Vordergrund. Entsprechend „musste" geheiratet werden. Die Romantik dagegen predigte die Hingabe der Gefühle. Die Nazis wollten auch unsere Gefühle diktierten, sie duldeten keine Sensibilität und Schwäche, „Hart wie Krupp-Stahl" sollten die Deutschen sein. Die Bundesrepublik leugnete noch bis in die 70er Jahre gleichgeschlechtliche Liebe, worunter einerseits Betroffene bis heute leiden und was andererseits den heute oft überdurchschnittlichen Hang zur Thematisierung der Homosexualität von gleichgeschlechtlich Liebenden begründen mag.

Unsere moderne Welt ist weniger eindeutig. Einerseits beherrschen emotionale Wettbewerbssendungen und Doku-Soap-Reihen das Fernsehen. Die Gefühlsindustrie verkauft uns vorzugsweise Träume von romantischer, ewiger Liebe. Andererseits wollen alle, Prominente vorneweg, cool sein. Der Bundesligaspieler oder Politiker nach der Niederlage: „Abgehakt, wir schauen auf das nächste Spiel/die nächste Wahl". Nach dem Sieg: „Nicht wichtig, wir schauen nach vorne". In der Wirtschaft geht es nur noch um Zahlen. Die Werbung verkauft uns nur noch Gefühls-Klischees. Das Fernsehen und die Öffentlichkeit können das Emotionale, das die Menschen im wahren Leben vermissen, nicht ersetzen, doch sie spiegeln die Zerrissenheit und Leere, die offensichtlich viele Menschen teilen.

Die Gesellschaft macht Gefühle, die Mode oder Kulturgut werden können. Uwe Seeler, Fußballidol, ehemaliger Mittelstürmer des HSV und der deutschen Nationalmannschaft, meinte einmal, Fußballprofis hätten heute Verletzungen an Körperteilen, von denen die Spieler zu seiner Zeit nicht einmal wussten, dass es sie gibt. Ähnlich ist es mit Gefühlen.

Wer das Gefühl der Niedergeschlagenheit nicht kennt, der könnte weniger gefährdet sein, Burn-out zu bekommen. Aber wenn alle es haben, muss was dran sein, dann horche ich mal in mich hinein. Plötzlich ist das halbe Land ausgebrannt. Nationalstolz und die deutsche Fahne in der Öffentlichkeit waren aus bekannten, historischen Gründen lange verpönt. Seit dem „Sommermärchen 2006", der Fußball-Weltmeisterschaft in Deutschland, hat sich das geändert. Plötzlich darf ich mich als stolzer Deutscher outen. Ich als Kind der 70er Jahre kann damit wenig anfangen, viele andere offensichtlich schon. Gesellschaft und Staat arbeiten mehr an unseren Gefühlen und deren gewünschtem Ausdruck, als uns bewusst ist.

Gefühle unterliegen einer kollektiven Bewertung. Trauer ist Schwäche. Weinen als deren Ausdruck ist Schwäche. Schwäche ist nicht gut. Haben Sie mal einen Bundesligaspieler oder Politiker nach einer Niederlage weinen sehen? Doch die Bewertungen können sich auch drehen. Junge moderne Männer dürfen neuerdings weinen, aus Trauer wie aus Freude.

Vielleicht sollten wir wieder mehr in uns selbst hören, eigene originäre Gefühle entwickeln, sie selbst bewerten und uns wieder mehr von ihnen leiten lassen. Sofern wir über das positive Gefühl der Liebe sprechen, könnte es ein hilfreicher Ansatz sein, unsere eigene kleine, aber auch die gemeinsame Welt insgesamt ein bisschen besser zu machen.

Emotion ist immer auch Aktion in uns selbst. Gefühle selbst entwickeln oder durch Anreize von außen wecken lassen. Mit ihnen umgehen, sie wie eine Lunge größer oder kleiner werden lassen, sie ausleben oder beherrschen. Das braucht Zeit und Kraft, aber Gefühle bewusst und intensiv zu haben, bedeutet zu leben.

Für das Gefühl der Liebe gibt es kein Rezept. Jeder lebt es auf seine Weise. Lasse ich mich spontan auf eine Liebelei ein oder suche ich gleich die große Liebe für den Rest meines Lebens? Welche Ansprüche habe ich, geht es mir eher um das Körperliche oder suche ich ganzheitlich, also auch in Geist und Seele, den Menschen, der zu mir passt? Bin ich monogam oder polygam? Brauche ich Harmonie oder Reibung? Bedeutet mir Liebe alles oder ist sie ein Teil meines Lebens und meiner Beziehungen? Meine Einstellung beeinflusst, wie ich Menschen begegne und wie ich meine Erfahrungen mit ihnen verarbeite.

Diese Herangehensweisen fußen auf der Persönlichkeit, die uns individuell inne ist. Wir können starke eigene Persönlichkeiten entwickeln oder lediglich allen Moden hinterherlaufen, die durch die Republik getrieben werden. Davon hängt ab, welche Reife und Tiefe wir entwickeln, für uns selbst und im Umgang mit Anderen. In welchem Maße wir fähig sind, das Leben zu er-leben, die Lust des Lebens zu haben, für uns den Sinn des eigenen Lebens zu entwickeln. Es ist an jedem selbst, etwas aus der Liebe zu machen.

Was uns die Liebe verspricht

Liebe wird nicht selten überhöht, als eine Religion vergöttert. Das mag daran liegen, dass die Religionen die Liebe für sich vereinnahmt hatten. Für sie stand die Liebe zu Gott im Mittelpunkt, den Menschen wurde erst später zugestanden, sich selbst und andere Menschen zu lieben. Zudem beinhaltet Liebe etwas, was wir mit Religionen verbinden.

Liebe nimmt uns die Grenzen des eigenen Ich. Sie verbindet uns mit einem anderen Menschen. Wir können unseren Körper nicht verlassen. Wir stellen in Kommunikation mit Anderen fest, dass wir die Grenze zum anderen nur durch „ich meine und sage – du hörst und interpretierst" überwinden können und wie hakelig sie sein kann. Die Liebe verspricht, mit dem Anderen geradezu zu verschmelzen. Das gelingt im Beischlaf nur ansatzweise. Im Verstand können Ansichten „geteilt" werden, doch die Seelen zweier Menschen, so die Idee, können eins werden. Und das über das irdische Leben hinaus. Liebe verheißt uns damit unsere Unsterblichkeit.

Liebe ist das Versprechen, zwei existentielle Themen von Menschen zu lösen. Im Hier und Jetzt die Einsamkeit und die Angst davor. Alleine mit sich zu bleiben, sich im Austausch mit Anderen nicht selbst finden, nicht Teil von etwas zu sein.

Ob das gelingt? Eine gewisse Einsamkeit in den ganz großen Themen eines Lebens bleibt immer. Wir werden alleine geboren, wir leben unser Leben lang in unserer eigenen Welt, unserer inneren wie der äußeren, die wir mit Anderen teilen können, in die sich Andere aber nie komplett hineinversetzen können, und „Sterben tun wir alle alleine" sagt der Volksmund. Menschen, auch Tiere, ziehen sich dafür bewusst zurück.

Im Gestern und Morgen die Vergänglichkeit. Das Gute, das war, nicht konservieren zu können. An dem, was kommt, nicht mehr teilhaben zu können. Die Liebe versucht wie die Kunst, den Faktor Zeit und damit den Tod zu überwinden und ewig zu bleiben für das, was war, Stichwort glückliche Zeiten, und das, was kommt, Stichwort Kinder.

Doch bei aller Liebe, Liebe sollte nicht zum Steigbügel der eigenen Überhöhung verkommen. Sie sollte auch nicht als religiöser Selbstzweck unantastbar sein, deren Sinn und Bedeutung für uns nicht mehr hinterfragt und gesehen wird. Das Absolute zu fordern, könnte eine speziell deutsche Übertreibung sein.

Liebe findet in der Gegenwart statt. Wenn sie da gegeben ist, kann sie auf die Vergangenheit und Zukunft bezogen werden. Was wir nicht können, ist, neue Liebe für jemanden oder etwas in der Vergangenheit oder Zukunft zu entwickeln. Was war, ist vorbei und kann nicht rückwirkend verändert werden. Wir können uns auch nicht vornehmen, zukünftig eine konkrete Person oder etwas Anderes zu lieben.

Die Zeit kann für die Liebe ein Feind sein. Sie lässt Erinnerungen verblassen, was an guten Beziehungen war und was das Gute an Beziehungen war. Sie ist das Versprechen auf ein zukünftiges enges Miteinander, möglichst unendlich. Nicht selten vergeht unsere Liebe aber schon im Hier und Jetzt, ohne dass wir wissen weshalb, und ohne dass wir etwas tun könnten.

Die Liebe hat mit dem Leben den Ausblick der Endlichkeit gemeinsam. Für das Leben ist der Tod unausweichlich. Wir verdrängen ihn, weil uns der permanente Gedanke an ihn wohl zerbrechen ließe. Bei der Liebe ist der drohende Verlust möglich. Er ist mehr oder weniger permanent gegenwärtig. Und in der einen oder anderen Form realisiert er sich oft. Es sind nicht nur die hohen Scheidungsraten und die vielen Singles, sondern auch der schleichende Verlust, der eine Liebe in Routine erkalten lässt.

Die Zeit kann Liebe aber auch befeuern. Liebe kann sich weiterentwickeln, neue Nuancen bekommen, sie kann intensiver werden. Sowohl die Blicke zurück als auch die nach vorne bereichern. Wir können Tote lieben. Die Liebe triumphiert über Leben und Tod, denn sie ist zeitlos und kann im Gegensatz zum körperlichen Leben den Tod insoweit aufheben.

Ausdrücke und Symbole der Liebe

Die konkrete, partnerschaftliche Liebe drückt sich in vielfältiger Art und Weise aus. Das berühmteste Mittel ist der Satz „Ich liebe Dich!" Daneben bietet die Sprache viele weitere Möglichkeiten. So kann die Liebeserklärung nicht nur auf den einen Satz reduziert, sondern ausgeschmückt werden. Gängige verbale Mittel sind zudem Komplimente und Kosenamen. Eine traditionelle schriftliche Möglichkeit ist der Liebesbrief. Die modernen Varianten sind SMS, WhatsApp und Co.

Nonverbal sind es vor allem Blicke, die eine direkte Botschaft an den Anderen senden. Mimik, Körperhaltung und in heißen Phasen Unruhe lassen jeden die Verliebtheit und Liebe erkennen.

Körperlich ist der Kuss der beliebteste Ausdruck von Liebe zueinander. Er bringt extreme Nähe, lässt den Anderen Körpergeruch und Atem riechen und Speichel schmecken. Er kann eine erste Überwindung des körperlich Äußeren mit sich bringen. Er ist somit ein sehr intimes Zeichen der Zuneigung.

Sonstige Berührungen, in der Phase des sich Verliebens flüchtige Gesten, später fester und deutlicher bis hin zum Kuscheln, drücken gewünschte Nähe und Verbundenheit aus. Die Umarmung grenzt nach außen ab und konzentriert nach innen auf die Zweisamkeit. Das Händchenhalten ist ein offenes Signal nach außen. Der Geschlechtsverkehr ist die intimste und damit höchste Stufe des körperlichen Liebesbeweises.

Koketterie und Flirt sind erste Signale liebevoller Gefühle, Verlobung und Hochzeit sind ihre finalen Manifestationen.

Allgemeiner kann sich Liebe in allen Künsten wie Malerei, Musik, Theater und Film ausdrücken. Das im doppelten Sinn, zum Medium und Werk als solchem und in dem Inhalt, den das Werk zeigt.

Sie kann im Essen, in Kleidung, Düften, Interieur, Ideen und und und zum Ausdruck kommen. Der Phantasie sind keine Grenzen gesetzt.

Die Sonne ist das Symbol für das gesamte Leben auf der Erde schlechthin. Ihr Licht und ihre Wärme sind der Beginn und die fortwährende Grundlage von Leben auf der Erde überhaupt. Wärme assoziiert das wohlige Gefühl der Geborgenheit, Helligkeit das positive Gefühl zu sehen, wahrnehmen zu können, aber auch gesehen zu werden. Die Sonne ist die gütige Mutter von allem Leben auf Erden. Sie kann durch ihre Wärme und ihr Licht auch als das älteste Symbol der Liebe gesehen werden.

Das gängigste Symbol der Liebe ist das Herz. Es ist unser zentrales Organ, das für das individuelle Leben schlechthin steht. Das Herz ist eng mit der Farbe Rot verbunden.

Die Farbe Rot symbolisiert die geschlechtliche Liebe. Sie steht für Feuer, Leidenschaft, weibliches Blut und Eros. Ihr wird eine anspornende Wirkung, eine Reizbereitschaft, -empfänglichkeit und -entladung zugesprochen. Rot erhöht den Puls, den Blutdruck und die Atemfrequenz. Die Farbe ist Ausdruck von Aggressivität - Begehren, Eroberungswille und Potenz.

Weitere bekannte Symbole sind die rote Rose sowie der Ehering und die Namensgleichheit nach der Hochzeit.

Die bekanntesten Götter der Liebe sind der griechische Eros und der römische Amor.

Das Fest der Liebe ist Weihnachten, für Christen, aber mittlerweile adaptiert auch für viele Atheisten. Der Kommerz muss dabei nicht mitgemacht werden. Apropos Kommerz, das ist das Einzige, was vom Valentinstag bleibt. Aus den USA herüber geschwappt ist er der Tag, auf den sich Floristen und Drogisten freuen.

Das berühmteste Gebäude als Symbol ewiger Liebe ist das Taj Mahal. Im Auftrag des Großmoguls Shah Jahan, dessen Lieblingsfrau Mumtaz Mahal 1631 bei der Geburt ihres vierzehnten Kindes stirbt, bauen zwanzigtausend Arbeiter zwei Jahrzehnte das weiße, transparente, zart-filigrane, mit achtundzwanzig Arten Edel- und Halbedelsteinen, Wasserläufen und Zwiebelkuppeln verzierte Mausoleum. Es soll in Erinnerung an seine Frau alles an Schönheit und Vollkommenheit übertreffen. Als Manifest inniger Liebe ist es heute Wallfahrtsort für frisch Verliebte.

Nicht nur was, sondern auch wie wir etwas machen, kann unsere Liebe beinhalten. Nicht selten sehen wir den Dingen an, mit welcher Einstellung sie gemacht worden sind, ob sie „mit Liebe gemacht" worden sind.

Dinge beinhalten die Liebe, die wir in ihnen sehen. Zum Beispiel Fotos. Der DDR-Grenzsoldat, der in letzter Sekunde über den Stacheldraht in die Freiheit springt. Das vietnamesische Mädchen, das schreiend vor den amerikanischen Napalmbomben flieht. Das geflohene tote Kind am Mittelmeerstrand. Diese Bilder sind Ikonen geworden, weil sie unmittelbar unser Gefühl der Liebe berühren, das umso tiefer getroffen ist, je größer unsere Scham wird, dass nicht ein Schicksal, sondern die Welt und damit jeder einzelne von uns ihnen ihre Situation angetan hat.

Arten der Liebe

Wir kennen heute drei große Ausprägungen der Liebe: die sinnlich-erotische Liebe, in der wir die Leidenschaft suchen, die gegenseitige Liebe, in der wir das Miteinander mit Anderen suchen, und die Liebe, die vor allem das Wohl des Anderen sucht. Sie drücken sich mit unterschiedlichen Gewichtungen nicht nur in der partnerschaftlichen, sondern in ganz unterschiedlichen Arten der Liebe aus.

Die gewiss wichtigste ist die Elternliebe. Zu Beginn unseres Lebens sind wir alleine nicht überlebensfähig. Wir sind auf die Hilfe anderer angewiesen. Das geht über das Körperliche, die Ernährung und Pflege hinaus. Wir müssen Vertrauen aufbauen, um Zuversicht für unseren Überlebenswillen zu gewinnen. Wir brauchen eine innige Zuwendung, um das Gefühl zu entwickeln, angenommen zu sein und beachtet zu werden. Diese frühen Prägungen begleiten uns unser Leben lang.

Geben die Eltern zu wenig Zuwendung, zum Beispiel weil sie eigene Probleme haben, wird das Kind wenig Selbstwert entwickeln, da es gelernt hat, es nicht wert zu sein, dass sich jemand kümmert. Es wird kein Vertrauen in andere entwickeln, da es ein solches nicht aufbauen konnte. Ein solches Kind wird später Schwierigkeiten haben, sich auf Andere einzulassen und echte Bindungen einzugehen.

Zeigen die Eltern ihre Liebe, indem sie überfürsorglich mit dem Kind umgehen, es zu sehr beanspruchen, zum Beispiel weil sie sonst kein erfülltes Leben haben, läuft das Kind Gefahr, in Abhängigkeit von den Eltern zu verharren. Fordern die Eltern auch noch Dankbarkeit für ihre Mühen ein, kann das Kind bei jedem weiteren Entwicklungsschritt und entsprechenden Versuchen der Abnabelung Schuldgefühle entwickeln, den Eltern nicht gerecht zu werden. Schon hier zeigt sich, lieb gemeint ist nicht unbedingt gut gemacht.

Die entwickelten Gefühle, hier in Extremen skizziert, können ein Leben lang andauern. Liebe stellt zu unterschiedlichen Zeiten unterschiedliche Ansprüche. Liebe ist Zuwendung, aber auch Loslassen, um das Kind sich entwickeln lassen zu können.

Eine weitere Art der Liebe ist die Selbstliebe. Sie prägt sich so aus, wie es unsere Eltern uns ermöglichen. Sich selbst anzunehmen und zu lieben ist die wichtigste Voraussetzung, andere lieben zu können.

Die Familienliebe schließt die Liebe zu den Eltern, Geschwistern, Großeltern und anderen Familienmitgliedern, die einem nahe sind, ein.

Das heutige Ideal der Partnerschaft ist die geschlechtliche Liebe, gegengeschlechtlich (Heterosexualität) wie gleichgeschlechtlich (Homosexualität). Sie findet ihren stärksten Beweis in der Ehe.

Mit der Gottesliebe wird zweierlei verbunden, die erbarmende Liebe Gottes zu seiner Schöpfung und die verehrende Liebe der Menschen zu Gott.

Die Nächstenliebe wendet sich vor allem den Bedürftigen zu. Sie drückt sich politisch in „Solidarität" mit anderen aus.

Die fürsorgliche Liebe kümmert sich ganz konkreten Menschen gegenüber.

Die allgemeine Menschenliebe gilt allen Menschen, bis hin zu den eigenen Feinden.

Die Feindesliebe setzt nicht auf Hass und Konfrontation, sondern die Verstrickung des Feindes in eine positive Gefühlsebene, um auf dieser Basis Lösungen von Konflikten zu ermöglichen.

Die platonische Liebe betrifft allein eine rein geistig-seelische Verbundenheit. Das Sinnliche, also Körperliche und der darin meist enthaltene Besitzanspruch auf den anderen kommt nicht vor.

Die Objekt- und Ideenliebe kann in einer weiten Auslegung alle Dinge (Schallplatten), Leidenschaften (auch als Liebhabereien und Vorlieben bezeichnet), Ideale (Freiheit) oder Zugehörigkeiten betreffen. Hier sind vor allem das Land, die Heimatregion und –stadt, aber auch Vereine wie zum Beispiel Fußballclubs zu nennen.

Die Liebe zu Tieren, obwohl sie in unserem Recht leider immer noch als Sache gelten, sei gesondert genannt ob der großen Verantwortung und Nähe, die Menschen zu diesen Lebewesen haben, zumindest haben sollten. Die Aufnahme des Tierschutzes in das Grundgesetz als Ausdruck dessen ist überfällig. In gleichem Atemzug ist die Liebe zur Natur zu nennen.

Die objektlose, universelle Liebe ist eine Grundhaltung, die keine Bedingungen hat, nicht auf einen konkreten Menschen oder ein konkretes Objekt Bezug nimmt, sondern auf alles, was einen umgibt. Diese Lebenseinstellung lässt Liebe in allem Beurteilen, Entscheiden und Handeln teilhaben. Die Liebe verschmilzt mit der Welt und dem Universum. Sie ist die weitestgehende Liebe, die vorstellbar ist.

Die bedingungslose Liebe gegenüber einem Menschen klingt wie eine Kampfansage. So entgrenzend Liebe sein mang, so hat sie in der Realität doch Grenzen. Die Selbstaufgabe des Liebenden ist der Liebe nicht inne.

Die sentimentale Liebe lebt nur in der Phantasie, nicht in der realen Welt und nicht mit realen Menschen. Sie wird gefunden in Ersatzbefriedigungen, zum Beispiel im Konsum von Liebesfilmen oder –romanen. Folglich kennt sie keine Konflikte, die aber in der wirklichen Welt mit echten Menschen unausweichlich sind und somit dazugehören. Die sentimentale Liebe ist keine Liebe.

Die abgöttische Liebe ist ebenfalls keine Liebe, sondern Bewunderung. Der geliebte Mensch oder Gegenstand wird erhöht, aber jegliche Interaktivität fehlt. Dem Gefühl fehlen die Basis und das Verhältnis, es bleibt unbegründet. Das Ich entwickelt keine Kraft und verharrt im Anhimmeln. Es findet sich nicht in der Liebe, sondern geht gegenüber dem Geliebten unter. Sie ist ein Zeichen von Unreife.

Eine selbstlose Liebe kann es nicht geben, weil zur Liebe immer das eigene Ich gehört und damit immer eine eigene Motivation mitschwingt. Wer sich vor allem Anderen helfend zuwendet und sich selbst stark zurücknimmt, ist nicht selbstlos, sondern erfüllt sich genau die Aufgabe, die er leisten möchte, und damit seine eigenen Bedürfnisse. Die Beweggründe, weshalb jemand genau diesen Ansatz für sein Leben sucht, mögen dem scheinbar selbstlos Liebenden nicht immer bewusst sein.

Liebe entzieht sich unserer Kontrolle. Auch wenn Partneragenturen uns das kontrollierte Verlieben verkaufen wollen. Die Offenheit zu haben, sich zu verlieben, der Zufall, den richtigen Menschen zur richtigen Zeit am richtigen Ort zu treffen, Signale zu senden und den Funke überspringen zu lassen, Liebeskummer zu haben, all das gehört zum Verlieben und zur Liebe dazu, das macht sie aus. All das macht Lebenserfahrung aus. All das macht Lebenserinnerungen aus. All das macht das Leben aus.

Liebe kann ein ständiger Begleiter sein. Sie regelt dabei nicht alles, kann keine maßlosen Ansprüche erfüllen. Es gibt kein dauerglückliches Leben. Wer das hätte, wüsste nicht, wie es anders ist, und könnte sich seines Glückes gar nicht bewusst sein. Das Leben bewegt sich immer in Pol und Gegenpol. Worauf wir hoffen dürfen ist ein Leben mit einer Perlenkette möglichst vieler glücklicher Momente.

Liebe gibt unserem Leben einen Sinn, denn sie lässt uns zu uns selbst finden. Damit und mit dem tiefen Miteinander mit Anderen leben wir intensiver. Unsere Begrenztheit scheint ebenso überwunden wie die Zeit. Liebe ist ein sehr individuelles Gefühl. Sie macht uns einmalig.

Sie macht unser Leben positiv, denn Liebe ist ein rein positives Gefühl. Für jeden Liebenden und ausgehend von jedem Liebenden macht sie die Welt positiver. Damit macht sie die Welt in Summe positiver. Liebe bereichert damit nicht nur unser eigenes Leben.

Liebe bleibt ein Mysterium. Aber müssen wir immer alles erklären können? Erhält nicht gerade das Unerklärliche die Faszination an der Liebe?

„Für einen One-Night-Stand war ich mir immer zu schade." sagte mir einmal eine Bekannte. „Es ist besser, etwas zu bereuen, was man getan hat, als etwas, das man nicht getan hat." ist ein Satz von John Niven in seinem Buch „Old School". Das sehe ich genauso. Leben ist Aktion. Leben ist nicht planbar und nicht kontrollierbar. Wir wissen oft nicht, wie sich die Dinge weiterentwickeln. Schon deshalb nicht, weil wir vieles im Leben nicht wirklich beeinflussen können. Sich offen auf die Liebe einzulassen erhöht die Chancen ungemein, sie auch aktiv zu erleben.

3 Wo die Liebe herkommt

Wo die Liebe herkommt, das weiß man nicht. Stattdessen gibt es diverse Theorien, die allerdings alle nicht bewiesen sind.

So soll die Liebe aus gewissen biochemischen Reaktionen entstehen. Was wir wissen, ist, was in unserem Körper passiert, wenn wir bereits dabei sind, uns zu verlieben.

Die Neuroendokrinologie ist die Wissenschaft von Hormonen und Nerven. Sie beschäftigt sich unter anderem mit Neurotransmittern, also Botenstoffen, die Erregungen von einer Nervenzelle zur anderen übertragen. Neuroendokrinologen haben herausgefunden, dass im Zustand des Verliebtseins das „Glückshormon" Dopamin, das im Belohnungssystem des Gehirns motivierend, aktivierend und belohnend wirkt, vermehrt entsteht und euphorisch wirkt. Adrenalin sorgt für Aufregung, Endorphin und Cortisol bringen ein rauschartiges Glücksgefühl und Wohlbefinden. Sexualduftstoffe, so genannte Pheromone, werden stärker abgegeben. Serotonin, umgangssprachlich als „Gelassenheitshormon" bezeichnet, sinkt hingegen stark, was den Abbau von Hemmschwellen und eine gewisse Unzurechnungsfähigkeit begründet. Dadurch wird Verliebtheit manchmal eine Ähnlichkeit zu psychischen Krankheiten zugesprochen. Nach maximal ein bis eineinhalb Jahren gewöhnt sich der Körper an die ungewöhnlichen Dosen und das Gehirn beendet den Rauschzustand.

Wir wissen auch, dass für soziale Bindungen, also dauerhafte Beziehungen mit stabilen Gefühlen, bestimmte Hormone wie das Oxytocin wichtig sind. Im Beispiel Mutter und Kind sind sie geradezu arterhaltend, denn fehlt die Hinwendung der Mutter zum Kind, kann das bei diesem zu schweren psychischen und körperlichen Folgen führen, die unter dem Begriff „Hospitalismus" (mangelnde Zuwendung zu Kindern aufgrund von längeren Krankenhausaufenthalten) oder in extremen Fällen „Kasper-Hauser-Syndrom" (bei völligem Entzug von Reizen und möglicherweise zudem Misshandlungen) bekannt sind.

All das ist interessant, erklärt das Phänomen Liebe aber nicht. Denn all diese Erkenntnisse belegen, dass der Zustand des Verliebtseins oder der Liebe etwas in unserem Körper bewirkt, aber nicht - aus rein biologischer Sicht - weshalb und wie wir uns verlieben. Wir verlieben uns nicht, weil wir die körperlichen Reaktionen haben, sondern wir haben die körperlichen Reaktionen, weil wir uns verliebt haben. Wir wissen nicht, ob und wann sich in unserem Körper etwas zusammenbraut, das uns signalisiert, wir sollten uns jetzt mal verlieben, um dann das Verliebtsein zu initiieren und damit die oben beschriebenen körperlichen Reaktionen auszulösen.

Der physische Kern, ein Organ des Verliebens und der Liebe, ist nicht gefunden. Die biologischen Prozesse, die unsere Liebesfähigkeit begründen und zum Ausbruch von Liebe führen, sind noch nicht bekannt. Folglich ist der Begriff Liebe in der Biologie noch nicht definiert.

Die gute biologische Nachricht ist: Liebe ist nicht an ein Geschlecht gebunden oder einem bestimmten Alter vorbehalten. Jederkann sich jederzeit verlieben. Der Körper reagiert immer.

Aus evolutionsbiologischer Sicht könnte die Liebe im Zusammenhang mit der Sexualität entstanden sein, da die Liebe die Partnerwahl und die Beziehung zu einem festen Partner über eine gewisse Zeit festigt. Das habe die Fortpflanzung, also eine geregelte Elternschaft gesichert. Für die Verknüpfung von Liebe und Sexualität sprechen Untersuchungen zu unseren Gehirnströmen. Verliebtheit bewirkt in den Teilen unseres Gehirns höchste Aktivitäten, die auch für die Triebe zuständig sind. Das lässt vermuten, dass das Gefühl Liebe stark biochemisch mit dem biologischen Trieb korreliert.

Doch bedarf es keiner Liebe, um Sex zu haben und sich fortzupflanzen, das geht auch ohne. Zudem bleibt hier ebenfalls die Frage unbeantwortet, ob und wie biologisch ein Gefühl der Verliebtheit und Liebe entstehen konnte.

Liebe kann auch kein Instinkt sein, jedenfalls wäre nicht bekannt, wann genau aufgrund welcher Grundlage dieser Instinkt ausgelöst werden sollte. Und Liebe ist mehr als banale Reaktionsbereitschaft auf eine Situation. Instinkte sind für den Augenblick wichtig, Liebe kann über längere und längste Zeit anhalten. Sie ist zudem nicht auf eine besondere, konkrete Situation bezogen, sondern allgemein auf Bedürfnisse und Wunschvorstellungen und deren Erfüllung.

Einige glauben an die Höhlenmenschentheorie, nach der vor zwei bis drei Millionen Jahren der Mann gejagt hat und quasi Beute gegen Sex getauscht hat. Die Frau brauchte die Beute für ihr Kind und sich, sie sicherte sich Beute über einen längeren Zeitraum durch Übertragung der Liebe zu ihrem Kind auf den Mann, also Liebe gegen Beute. Demnach wäre die Liebe zunächst den Frauen vorbehalten geblieben. Fraglich bleibt, aus welchem Grund Männer hätten anfangen sollen zu lieben. Kaum vorstellbar, dass sie selbst auf die Idee gekommen wären.

Dann gibt es die Steinzeittheorie. Nach Evolutionspsychologen soll die Partnerwahl bei Frauen wie Männern von Vorlieben bestimmt sein, die über Millionen von Jahren von unseren Vorfahren an uns weitervererbt worden seien. Nach der „Steinzeit-Psyche" reagieren Frauen auf starke oder statushohe Beschützer-Typen, Männer auf junge, hübsche Frauen. Schönheit sei für beide Geschlechter ein Indiz für gesunde Gene. Es sei vielfach untersucht, was Schönheit bedeute, welche Körpermerkmale für die Geschlechter als jeweils attraktiv gelten. Diese Erkenntnisse seien universell und ihr Durchschnitt sei als Ideal anzusehen. Die Idee ist, wer einen idealen Menschen trifft, verliebt sich in ihn.

Gehen wir davon, es gäbe tatsächlich in diesem Sinne ideale Menschen, dann müssten sich alle Anderen in sie verlieben. Ich habe von solchen Liebesmagneten noch nicht gehört.

Viele Menschen dürften allerdings von diesem Ideal abweichen. Das würde im Umkehrschluss bedeuten, dass sie nicht geliebt werden. Liebe wäre einem exklusiven Kreis vorbehalten. Das kann ich nicht bestätigen. Zudem fußt die Theorie allein auf das Körperliche, das regelmäßig weder beim Verlieben noch in der Liebe das alleinige Kriterium ist.

Eine weitere Theorie ist, es habe zwar schon immer tiefere Zunei-gung, Verliebtheit zwischen zwei Menschen gegeben, aber die mög-lichst lebenslange Liebe, wie wir sie heute kennen, soll es erst seit rund 200 Jahren geben. Damals sei die Liebe zu Gott auf dem Rück-zug gewesen, dafür sei das Bedürfnis nach partnerschaftlicher Liebe umso größer geworden. Was bisher der Glaube bewirken sollte, sei nun auf den geliebten Menschen übertragen worden.

Diese Art Liebe läuft unter „romantische Liebe", nach der Epo-che der Romantik vom Ende des 18. bis zur Mitte des 19. Jahrhun-derts. Sie war eine Reaktion auf die Epoche der Aufklärung, die rati-onal geprägt war. Die Romantiker sahen einerseits die rationale Auf-klärung und verkrustete Traditionen, andererseits wirtschaftlichen und technischen Fortschritt. Künstler der Romantik wie Novalis und E.T.A. Hoffmann versuchten mit ihren Werken dieser nüchternen Welt etwas entgegenzusetzen. Ihre heilen Welten enthalten Gestalten aus Märchen, Mythen und Orten, die wir heute als romantisch be-zeichnen. Eine Welt aus Feen, Elfen, Bächen, Sommerwiesen und Burgen.

Auch Liebe wurde nicht mehr nüchtern betrachtet, hier der Trieb, dort getrieben durch gesetzliche, kirchliche oder wirtschaftliche Gründe, sondern idealisiert als eins, eine Einheit aus sexuellem Trieb, Gefühl, Tugend und Gottverbundenheit. Gemacht für die Ewigkeit. Aspekte der Tradition und Wirtschaftlichkeit wurden ausgeblendet. So heil, wie die Welt der Liebe sein sollte, so war sie zu leben, gefühl-voll, leidenschaftlich, ein Verliebtsein in den einen Partner ein Leben lang.

Sicherlich gibt es heute viele Menschen, die nicht weniger als dieses aus heutiger Sicht romantische Maximum erwarten oder für sich reklamieren. Viele Andere gehen mit dem Gefühl Liebe viel realistischer um. Das Romantische ist sicherlich eine Ausprägung der Liebe, aber nicht alles und nicht die einzig Erlebbare.

Soziologische Erklärungsversuche

Auch Soziologen haben versucht, die Liebe zu erklären. Ausgangspunkt ist das Individuum, dem es schwerfällt, sich selbst, seine Individualität und Identität, wer er oder sie ist, zu bestimmen. Dafür braucht es den Austausch mit Anderen. Dieser Austausch findet statt in Kommunikation. Diese hier notwendige, sehr persönliche Kommunikation nähme ständig ab.

Denn jeder lebt nicht nur in einem Lebensbereich, sondern in vielen Teilbereichen wie Familie, Freizeit oder Beruf. Die Teilbereiche sind in modernen Gesellschaften zahlreicher und in sich immer komplexer geworden. So haben wir nicht nur mehr einen, sondern mehrere Freundeskreise. Wir haben nicht mehr nur einen Chef, sondern arbeiten im Team oder in Projekten oder an wechselnden Standorten mit verschiedenen, auch immer wieder anderen Menschen zusammen. Ständig bewegen wir uns zwischen unseren verschiedenen Welten hin und her. Doch in diesen „Parallelwelten" erleben uns Andere nur sehr eingeschränkt, nämlich in unserer jeweiligen Rolle. Das erschwert es uns, sehr persönliche, identitätsbildende Kommunikation mit Anderen zu haben.

Die Liebe ist demgegenüber ein Medium, in dem wir mit Anderen ganzheitlich und intensiv kommunizieren. Dadurch geben wir dem

Anderen die Möglichkeit, uns komplett zu sehen und anzunehmen, und wir selbst haben einen Ausgangspunkt, uns selbst zu bestimmen.

Die Bedeutung der Liebe, sich mit einem anderen Menschen einzulassen und daraus eine wesentliche Bestimmung für sich selbst zu ziehen, ist genauso unbestritten wie ihre Ankerfunktion in einer immer komplexeren, schnelleren und fordernden Welt. Doch diese komplexe Welt gibt es noch gar nicht so lange. Konnten Menschen, die vor 300 Jahren nur in ihrem kleinen Dorf gelebt haben, nicht lieben? Wie konnte sich die Liebe so schnell so entwickeln, wie wir sie heute kennen, und wo kommt sie her? Es ist kaum denkbar, dass Menschen von alleine auf die Idee Liebe, die relativ schnelle Entwicklung eines solch starken Gefühls gekommen sind.

Liebe ist zudem als ein Intimsystem, als eine Vorform des Sozialsystems Familie angesehen worden, die wiederum eine grundlegende gesellschaftliche Funktion hat. Es bedarf der Liebe, dass sich zwei Menschen unter Millionen treffen und ihr Zusammenleben begründen, das eine hinreichende Zeit bleibt und ihre Fortpflanzung und Sozialisation ermöglicht.

Mit der schwindenden Bedeutung der Fortpflanzung, siehe die vielen kinderlosen Menschen und Paare, der veränderten Art von Sozialisation, siehe die vielen alleinerzogenen Kinder, und damit der Aufgabe von Familie, wie sie vielleicht 150 Jahre bekannt war, müsste nun eigentlich auch die Bedeutung der Liebe zurückgehen. Das Gegenteil scheint mir der Fall zu sein.

Zur Liebe bleiben viele Fragen offen. Ihr genereller Ursprung und ihre individuelle Quelle. Ob wir die einzigen Lebewesen sind, die

Liebe empfinden können, oder ob Tiere das auch können. Warum es wann wen wie trifft. Es ist schon paradox. Menschen tauschen Körperteile am lebendigen Leib aus und fliegen zum Mond. Wir regeln in unserem Leben so ziemlich alles, im Land oder als Einzelner. Doch wir werden dominiert von einem Gefühl, von dem wir nicht wissen, woher es kommt, und nicht selten, wie wir es beherrschen können.

Müssen wir deshalb die Existenz von Liebe in Frage stellen? Nein, denn wir spüren ja Gefühle, die wir in dem Begriff Liebe zusammenfassen. Auch wenn es uns in unserer technisierten Welt schwerfällt – nur, weil wir etwas nicht beweisen können, bedeutet das nicht, dass es das nicht gibt.

Da ein biologisches Organ der Liebe nicht gefunden ist, bleiben uns nur Vermutungen für die Ursache der Liebe. Die Fähigkeit, das Gefühl Liebe entwickeln zu können, könnte uns angeboren sein. Dafür spricht, dass die Liebe ein sehr intensives, tiefes und damit ein sehr ursprüngliches Gefühl ist.

Als Kern für die individuelle Entwicklung der Liebe scheint am plausibelsten die Beziehung zwischen Mutter und Kind, die als die wichtigste und innigste aller Beziehungen gelten dürfte. Kleinkinder, die keine Liebe empfangen, verkümmern bis hin zum Tod. Als Kleinkind gründen wir unsere Liebesfähigkeit und als solches erfahren wir von den ersten Bezugspersonen die erste - fürsorgliche – Liebe. Als diese erste Form von Liebe können auch Verhaltensweisen von höher entwickelten Tieren gedeutet werden.

Von hier aus dürfte die Liebe nach und nach in die Breite, vor allem auf die Familie und den Partner, übertragen und, insbesondere in Form der geschlechtlichen Liebe, intensiviert worden sein. Anderen das Gefühl zu geben, ich sehe dich, ich kümmere mich um dich, ich bin für dich da, ich bin dir nah, dürfte schon immer eine hilfreiche Eigenschaft gewesen sein.

Das Gefühl dürfte sich im Wechselspiel mit den kulturellen Entwicklungen der Menschen verbreitet und vertieft haben. Dafür bestimmte kurze Zeitphasen zu bemühen, erscheint wagemutig. Veränderte Werte wie die Unversehrtheit des Anderen und folglich Mord und Totschlag zu bestrafen, den Anderen zu achten und deshalb nach Kant „Behandle andere so, wie du auch behandelt werden möchtest" zu agieren, oder Individualismus und damit Befreiung von staatlicher Bevormundung, führen zu verändertem Bewusstsein, zu veränderten Einstellungen und zu verändertem Umgang miteinander. Das sind eher langsame Prozesse. Christliche Werte sind bis heute weder allseits akzeptiert noch von vielen vollständig verinnerlicht und umgesetzt. Das gilt selbst für solche Menschen, die sich zu diesen Werten bekennen, denn sonst wären die vielen Missbrauchsfälle vor allem in der katholischen Kirche nicht möglich.

Auch die Entwicklung der Gesellschaft führt zu veränderten, intensiveren und neuen Gefühlen. Frustration dürfte ein ausgeprägtes Gefühl der Neuzeit mit ihrem ewigen Wettbewerb um materielle Ziele sein. Das Wort Fremdschämen hat sich erst in den letzten Jahren etabliert, in denen sich immer mehr, aber nicht immer glücklich agierende Menschen produzieren möchten. Es bezeichnet das eigene Gefühl, sich für einen eigentlich gänzlich unbekannten Menschen, zu dem man keine Beziehung hat, zu schämen. Wenn die Menschen

neue Planeten besiedelt haben sollten, könnten die dort hin überge-
siedelten Nachfahren ein neues „Lost Earth Syndrom" entwickeln.

Liebe ist ein Gefühl und damit ein Produkt der Psyche. Wie andere Gefühle auch, interagiert es mit dem Körper. Es wird vor allem
von dem, was wir wahrnehmen, und der Art, wie wir das Wahrge-
nommene bewerten, beeinflusst. Das wiederum hängt stark von der
individuellen Entwicklung eines Menschen und der Kultur ab, in der
ein Mensch lebt. Stumpft das Gefühl Liebe in einer Gesellschaft der
Entfremdung und Technisierung, Stichwort Cyber-Liebe in der virtuellen Welt des Internets, und des Hasses, Stichwort Demagogen
dieser Welt von rechts wie links, ab, so könnten die Menschen es
verkümmern lassen. Dann sind wir wieder in liebloseren Vorzeiten,
in denen ein Menschenleben und tiefe Gefühle füreinander noch
nicht so viel wert waren.

4 ♡ Verliebt sein

Liebe ist das eine, verliebt zu sein ist etwas ganz anderes. Während die Liebe ein Dauergefühl ist, das wie Ebbe und Flut permanent mal mehr, mal minder präsent mitschwingt, ist die Verliebtheit eine Gefühlseruption gleich einem Vulkan, der Rauch, Feuer und Lava speit. Hormone spielen verrückt, der Verstand setzt aus.

Glücklich verliebt zu sein bringt eine Unbeschwertheit, eine Leichtigkeit in das Leben, die nicht nur junge, sondern auch ältere frisch Verliebte in den Himmel zu tragen scheint.

Nach Johanna Wokalek, Schauspielerin, im Süddeutsche Zeitung Magazin ist verliebt sein die erste Form der Liebe, die anpassungsfähig, großzügig und zauberhaft ist. Wenn die erste Verliebtheit verflogen ist, kommt die Zeit, in der man herausfinden kann, ob die Liebe Stand hält. Denn dann folgt die zweite Form der Liebe, die zeigt, wie man wirklich ist. Bleiben Großzügigkeit, Anpassungsfähigkeit und das Zauberhafte? Die zweite Liebe wird wohl nicht ohne Kompromisse möglich sein.

„Am schlimmsten ist die Ungewissheit". Diesen Satz hat wahrscheinlich jeder schon einmal empfunden oder zumindest gehört. Warten auf das Prüfungsergebnis, die medizinische Diagnose, den Zuschlag für die begehrte Wohnung. Unsicherheit ist nicht leicht auszuhalten. Das gilt auch für Verliebte, die die Gefühle für die Frau oder den Mann der Träume realisiert, vielleicht schon signalisiert, wohl möglich bereits offenbart haben und noch nicht wissen, wie sie oder er reagieren wird.

Ungewissheit macht Angst. Untersuchungen haben ergeben, dass der Stresspegel im Zustand einer Unsicherheit höher ist als in definitiver Erwartung einer negativen Antwort. Ob Verliebtheit positiven oder negativen Stress auslöst, hängt offensichtlich ganz von der betroffenen Person ab. Ob sie als Kleinkind Liebe erfahren hat oder nicht, ob sie im Verlieben bereits eher positive oder eher negative Erfahrungen gemacht hat und wie selbstbewusst und widerstandsfähig gegen Rückschläge sie ist.

Sprechen wir von Partnerwahl, suggeriert das eine aktive Handlung, zu „wählen". Eine solche bewusste Aktivität ist nicht selten eine Mär, mit der wir uns und vor allem Anderen vormachen möchten, wir seien jederzeit Herr der Lage gewesen. Das Gegenteil ist meistens der Fall.

Natürlich kann ich mir vornehmen, heute Abend eine Frau zu finden. Vielleicht führt das zu Sex. Aber sich vorzunehmen, sich am Abend zu verlieben? Das dürfte selten klappen. Verliebtheit kommt aus dem Augenblick. An der Kasse im Supermarkt, im Auto nebenan, an der Uni in der Bibliothek, im Café am Tisch schräg gegenüber, die Kollegin drei Schreibtische weiter, der Nachbar aus dem 4. Stock – es gibt unzählige Augenblicke, in denen es einem passieren kann.

Kleine Details können der Auslöser sein: eine Geste, ein Blick, eine Bewegung, ein Gesichtszug, eine Locke. Dabei ist es nicht nur das Äußere, sondern das „wie", das einen Blick in das Innere des

Anderen verspricht. Sich zu verlieben bedeutet vom ersten Augenblick an nicht oder nicht nur maximaler sexueller Reiz, Reiz am Äußeren, sondern der Reiz am ganzen Menschen, seinem Wesen, die Art, wie er sich bewegt, sich ausdrückt, seinen Gefühlen, seinen Eigenschaften, seinen Fähigkeiten, seinem Inneren.

Die Prozedur des sich Annähern soll stets nach ähnlichem Muster stattfinden, soll es doch uralten biologischen, oft unbewussten Mechanismen und Strategien folgen. Am Anfang steht das Flirten. Bei zwei Menschen hat zumindest einer mehr als das übliche, auch sexuelle Interesse am Anderen. Der Bewunderung folgt die Kontaktaufnahme zum und das Auskundschaften des Anderen durch Blicke und Unterhaltung, später auch spielerisches Anfassen. Die Lust ist geweckt.

Es folgt ein Wechselspiel aus lustvollem Annähern und zögerlichem Abwarten. Zunächst bleiben Gesten, Komplimente und Berührungen doppeldeutig zwecks Absicherung, ob die Avancen wirklich verstanden und erwidert werden, und Vorbeugung gegen Gesichtsverlust, falls es einen Korb geben sollte. Denn einen Korb zu bekommen, ist immer doof. Dann schaukeln sich beide hin – geben und nehmen - zu eindeutigem Verhalten, das nicht zu schnell überfahrend oder zu lange hinhaltend entwickelt werden darf.

Es sind die offensichtlich stereotypen Verhaltensweisen, die uns mehr triggern als allein das Aussehen. Eine Frau, die den Blick eines Mannes deutet und sich für ein Kennenlernen offen gibt, sendet Signale aus wie wiederholte Seitenblicke, das Haar zurückstreichen oder -werfen, an der Kleidung zupfen, an der Halskette nesteln, durch

Drehungen den Hals präsentieren oder den Oberkörper gerade machen und dabei die Brüste betonen.

Der Mann macht – im wahrsten Sinne des Wortes – den ersten Schritt. Er geht auf die Frau zu und beginnt ein Gespräch. Dem ersten Satz kommt oft eine entscheidende Bedeutung zu. Kommt er an, ist alles gut. Wenn nicht, dann nicht, zum Beispiel bei einem platten Kompliment über Figur oder Kleidung oder dem falschen Humor. Doch nicht nur der Inhalt ist entscheidend, auch die Art, angemessen locker oder förmlich, und die Stimme beeinflussen die Gefühle des Anderen. Angeblich finden Frauen tiefe Timbres reizvoll, Männer sollen hohe Stimmen mit gehauchtem Klang mögen.

Unser Begehr des Anderen wird offensichtlich. Oft ahmen wir die Bewegungen des Anderen nach. Männer reden schneller und leiser als gewöhnlich, stellen mehr Fragen. Frauen modulieren ihre Stimme stärker, ihr Ton steigt höher und fällt tiefer.

Kommen sich beide körperlich näher, dient das verschiedenen Aspekten. Wir können erfahren, ob wir den Anderen „riechen können". Der Geruch eines Menschen ist so einmalig wie seine Fingerabdrücke. Unser Geruchsinn will positiv beeindruckt werden wie unsere anderen Sinne auch. Zuviel Parfüm ist da kontraproduktiv, weil es uns diese Möglichkeit nimmt. Wir können Vertrautheit aufbauen, die gewollte Nähe mit sich bringt. Und wir können kleine gegenseitige Berührungen der Körper zulassen. Sie sind intimer als Worte, sind eindeutig und rufen eine eindeutige Reaktion hervor, nämlich zulassen oder abwehren. Sie verstärken, ja verkörpern die positiven Emotionen gegenüber der anderen Person. Beide Personen können eine physische und emotionale Nähe aufbauen, vermitteln und spüren. Hoffnung ist gegeben.

Kommt es zum aufregendsten Moment, kommt es zum Schwur. Der erste Kuss ist wie der erste Bissen nach einem neuen Rezept. Alle Sinne sind in Alarmbereitschaft. Körper und Atem riechen, Lippen fühlen (warm/kalt, glatt/rau, weich/fest), Speichel schmecken, selten Zunge spüren. Wie verhält sich der Partner, reagierend oder agierend, ungeduldig oder abwartend, mechanisch oder sinnlich, kalt oder leidenschaftlich? In dem Wimpernschlag zu geschlossenen Augen verarbeiten wir all diese Eindrücke zu einem entscheidenden Gefühl, das uns auf den Boden der Realität sinken lässt oder das uns wie benommen trägt und die Liebe bringen lässt.

All das kann, muss aber nicht gleich bei der ersten Begegnung passieren, sondern kann sich durch mehrere Begegnungen aufbauen. Zweifel tauchen auf, „Soll ich mich einlassen?“, aber vor allem, „Liebt er oder sie mich auch?“ Sich zu verlieben, hat immer auch etwas Spielerisches, zwei Schritte vor, einen Schritt zurück. Das hält die Spannung aufrecht und steigert das Begehren, denn was leicht zu haben ist, kann nicht viel wert sein. Es braucht Zeit. Timing im Kennenlernen, im Flirt und im weiteren Vorgehen entscheidet nicht selten über Erfolg oder vergebliche Liebesmüh.

Der geschilderte Ablauf ist sicherlich eine sehr traditionelle, konservative und schematische Darstellung. Die Wirklichkeit heute läuft sehr viel bunter ab. Zumindest scheint es so.

Unbewusste Abläufe

Denn vieles läuft dabei weniger bewusst gesteuert, sondern unbewusst ab. So zum Beispiel der automatische Mechanismus, beim Betreten eines Raumes die anderen Personen in (sexuell) attraktiv oder uninteressant zu kategorisieren. Oder die vielen kleinen Gesten der Sympathie. Oder die Prüfung der auserkorenen Person mit allen fünf Sinnen, sehen, hören, riechen, fühlen, schmecken. Niemand nimmt sich das eine wie das andere bewusst vor. „To fall in love" heißt es im Englischen, was eine gewisse Passivität im Vorgang gut zum Ausdruck bringt. Nicht selten haben wir uns bereits verliebt, ohne es überhaupt realisiert zu haben. Anmerkungen Dritter á la „Na, Du hast Dich wohl verguckt, was?" irritieren eher als dass sie uns die Augen öffnen.

Der veränderte Hormonpegel tut sein Übriges. Schneller reden und Worte sagen, die eigentlich nicht zum gängigen Wortschatz gehören, Gläser umschmeißen und stolpern – als wären wir nicht mehr Herr unserer Gedanken und Glieder.

Für nicht wenige Menschen ist nicht nur die Verliebtheit an sich purer Stress, sondern vor allem das Prozedere, die Verliebtheit dem Anderen wie eben skizziert zu zeigen. Hemmungen, sich einzulassen und zu offenbaren, Unsicherheiten, den ersten Schritt zu machen und konkret aktiv zu werden. Ratlosigkeit, mit welchen Mitteln jemanden für sich zu gewinnen, Unerfahrenheit im feinen Wechselspiel von Aktion, Deutung der Reaktionen, angemessene Aktion und so weiter. Angst und Scham, einen Korb zu bekommen, sind nicht selten.

Bei Teenagern, die sich ohnehin in einem verwirrenden Lebensabschnitt befinden und die aus der Natur der Sache wenig Erfahrung haben können. Bei Älteren, die sich den Druck von der anderen Seite machen, man sollte schließlich wissen, wie der Hase erfolgreich läuft. Läuft es nicht nach Plan, weil es nicht – wie meist – sofort zu einer Affäre kommt, der Andere zögert oder gar nur spielt, ist der Frust groß.

Die innere Haltung ist alles. Grundsätzliche Offenheit für Menschen, ein gewisses rhetorisches Geschick, eine Prise Humor, ein ausgeprägter Wille, Hartnäckigkeit und Frustrationstoleranz. Trial and Error. Und das alles fußend auf gesundem Selbstbewusstsein. Das hilft, nicht sich selbst anpreisen zu müssen, sondern sich zurücknehmen zu können. Frauen wollen meist keine männlichen Heldentaten hören, sondern Interesse des Mannes an ihnen, der Frau finden. Außerdem haben Frauen nicht selten den größeren Wortetank, der zu leeren ist.

So paradox es ist, auch eine bestehende Partnerschaft hilft. Nichts ist schlimmer, als wenn alle Anderen merken, Mann oder Frau ist krampfhaft auf der Suche. Dann ist man Opfer. Sind wir in einer Beziehung, wirken wir gelöster, signalisieren Bindungsfähigkeit und der Kitzel der Versuchung ist ungleich höher.

Eine bestehende Partnerschaft erhöht die eigene Attraktivität. Das habe ich selbst erfahren. Nachdem ich eine Weile keine Partnerin mehr hatte und es mit den Frauen, mit denen ich gerne zusammengekommen wäre, nicht klappte, bin ich eine Beziehung eingegangen mit einer Frau, zu der ich von Anfang an nicht wirklich stand.

Aus dieser Beziehung heraus bin ich dann mit Frauen zusammengekommen, mit denen ich wirklich eine Beziehung wollte. Das war der ersten Frau gegenüber nicht fair, aber ich hatte ihr auch nie meine Liebe „bis dass der Tod uns scheidet" versprochen... Frauen machen offensichtlich dieselben Erfahrungen. So erzählte mir eine damals frisch verheiratete Freundin, seitdem sie verheiratet sei, würde sie weit mehr angebaggert werden als je zuvor.

Gibt es Liebe auf den ersten Blick? Ja sicher. Der neue Mitschüler auf dem Schulhof, die neue Kollegin in der Kantine, das neue Gesicht auf der Party oder das fremde Wesen wo auch immer. Sich so zu verlieben geht immer. Das Sich-verlieben geschieht immer in einem Augenblick, der früher oder später kommen kann, selten aber so klar zu benennen ist wie bei der Liebe auf den ersten Blick.

Gibt es Liebe auf den dritten Blick? Ja sicher, auch das passiert. Ob über eine vorhandene Vertrautheit, eine platonische Nähe, einen geänderten Blickwinkel, ein zufälliges näheres Kennenlernen, Veränderungen bei sich oder dem Anderen. Auch wenn man sich bereits kennt, selbst nach Jahren kann eine Bekanntschaft in Verliebtheit umschlagen. Dadurch, dass man sich bereits kennt, sind Überraschungen beim Anderen und Ängste bei sich selbst meist weniger gegeben, dafür das Gefühl der Intensität umso mehr.

Männer sehen sich oft als die Macher. Sie handeln, sie suchen sich die Frau. Das ist selten so. Regelmäßig sind es die Frauen, die neue Partnerschaften zulassen. Zum einen, weil sie aktiver und vielfältiger in den Möglichkeiten ihrer Lockungen sind. Frauen sind den Männern meist einen Schritt voraus. Männer reagieren mit ihren ersten Blicken oft lediglich, ohne es zu merken. Hätte die Frau den Blick nicht gewollt, hätte sie ihn gar nicht erst provoziert. Selbst wenn der Mann die Frau zuerst gesehen haben sollte, wird sie mit ihrer ersten Reaktion bestimmen, ob sich ein Flirt entwickelt oder nicht. Zum anderen, weil bei Flirts und dem, was folgt, es die Männer sind, die in der üblichen Abfolge agieren müssen, während die Frauen reagieren und damit jederzeit die Möglichkeit haben, den Prozess zu stoppen.

Sich zu verlieben, ist immer ein mutiger Akt. Immer bleibt zunächst offen, wohin ein Flirt führt. Wie es in einem Song von Angus & Julia Stone heißt, sind wir „wasted", trunken vor Liebe. Doch erwidert die Person des Begehrens die eigenen Gefühle? Wenn nicht, sind wir „wasted", verschwendet an den Anderen.

Das Risiko der unerwiderten oder nicht tragenden Liebe ist offensichtlich groß, sonst wären glückliche Partnerschaften nicht so vergleichsweise selten. Es ist eine teuflische Situation. Je länger die Verliebtheit anhält, ohne erwidert zu werden, je größer baut sie sich auf. Das Miteinander wird in Wunsch und Traum immer konkreter, immer perfekter ausgemalt. Der Andere und die Partnerschaft mit ihm werden idealisiert. Damit wird die Lücke zwischen der schönen Zweisamkeit, die sein sollte, und der realen Einsamkeit immer größer. Der Weg, diese Lücke durch Erfahrungen zu schließen, ist durch das „Nein" des Anderen versperrt. Ein negativer Cocktail der Gefühle aus Traurigkeit, Ohnmacht, Verzweiflung und Wut macht sich breit. Hier helfen Verhaltensweisen, die unten zum Liebeskummer genannt werden.

Enttäuschungen

Viele Menschen folgen Verhaltensmustern, die sie immer wieder zu Enttäuschungen führen. Es bringt einer Frau, die Aufmerksamkeit braucht, nicht viel, wenn ihr Mann viel Geld verdient, er aber ständig arbeitet, nie präsent ist und sich nicht um sie kümmert. Ein Mann wird nicht glücklich, wenn er eine erfolgreiche Frau haben möchte, aber gleichzeitig unter ihrem Erfolg im Vergleich zu seinem Karrierestillstand leidet. Wer eine attraktive Frau oder einen attraktiven Mann hat, sollte nicht sonderlich eifersüchtig sein, wird diese Attraktivität sicherlich auch andere Männer beziehungsweise Frauen anlocken. Es hilft, sich auf den Punkt zu bringen, was Mann oder Frau wirklich wichtig ist.

Es gibt Menschen, die sich immer wieder in den falschen Partner verlieben. Ihnen fehlt das Gespür dafür, welcher Partner ihnen guttut. Sie können schlecht einschätzen, wie sich Menschen, wie sich ein bestimmter Mensch in einer Partnerschaft verhalten wird. Hier fehlt Menschenkenntnis. Oder es liegt gar nicht am Partner, sondern sie selbst sind nicht in der Lage, eine stabile Beziehung zu führen. Hier fehlt Selbsterkenntnis. Oder sie suchen sich immer wieder den gleichen Typ Partner, weil sie von ihm endlich etwas bekommen möchten, was sie früher nicht bekommen haben, typbedingt aber auch nie bekommen werden. Hier fehlt die Erfahrungserkenntnis.

Meist sind die Gründe für unser Bindungsverhalten und die Wahl eines bestimmten Typs als Partner in unbewussten Erfahrungen aus frühester Kindheit zu finden. Habe ich in früher Kindheit sichere Bindungen erfahren, weil ich mich auf die Zuwendung der Eltern verlassen konnte, werde ich auch später feste Beziehungen eingehen können.

Bin ich als Kind oft zurückgewiesen worden, habe ich mich arrangiert, meine Bedürfnisse zu unterdrücken, werde ich später vieles mit mir selbst ausmachen und aus Unsicherheit und Angst vor Enttäuschungen feste Bindungen vermeidenden und mein Heil in meiner Unabhängigkeit suchen.

Habe ich als Kind oft keine berechenbaren, stabilen Beziehungen erlebt, werde ich später wieder und wieder versuchen, mir die Zuwendung des Partners zu versichern.

Habe ich als Kind Gewalt oder Missbrauch durch meine engsten Beziehungspersonen erfahren, also keine Zuwendung erhalten, werde ich später beim Partner Schutz suchen und gleichzeitig mit dessen Nähe Probleme haben, weil immer die Befürchtung präsent ist, in einer engen Beziehung verletzt zu werden.

Habe ich einen dominanten Vater gehabt, der sich wenig um die Familie gekümmert hat und seine eigenen Wege ging, und suche ich nun immer einen dominanten, auf Unabhängigkeit bedachten Mann, um endlich von diesem Typ Mann Liebe zu erfahren, so darf ich mich nicht wundern, wenn ich diese wieder und wieder nicht erhalte.

Wer in Beziehungen immer wieder scheitert, hat entweder großes Pech oder leidet an tief in der Psyche verankerten Bindungsthemen.

Manche Menschen verlieben sich immer wieder in Menschen, die bereits in fester Partnerschaft sind. Das ist eine ambivalente Situation. Eine solche Beziehung kennt keinen Alltag, sondern nur die angenehmen Stunden. Doch die meist gegebene Sehnsucht nach dem vollkommenen Glück, den Partner ganz für sich zu haben, bleibt unerfüllt. Es mögen aber auch andere Aspekte, bewusst oder unbewusst, eine Rolle spielen, zum Beispiel der Schutz vor zu viel Nähe, die Angst, verletzt zu werden oder das Bedürfnis, sich zu beweisen und den Selbstwert dadurch zu steigern, jemanden den Partner ausspannen zu können.

Manche Menschen stecken in einer Liebe fest, von der sie wissen, dass sie ihnen nicht guttut, von der sie sich aber dennoch nicht lösen können. Die damit verbundene Zerrissenheit ist nicht ewig auszuhalten. Wie ist das eigene Befinden mit der Situation, überwiegt das Positive oder das Negative? Wie verhält sich der Partner, ist er ehrlich, spielt er nur? Eine verstandesmäßige Analyse wird die Liebe nicht auflösen, kann aber dennoch Ausgangspunkt für eine Entscheidung sein, um nicht in der Situation unglücklich gefangen zu bleiben.

Wiederum andere Menschen folgen keinem Schema, weder bei Äußerlichkeiten noch beim Charakter. Weshalb wir uns in einen bestimmten Menschen verlieben, bleibt ohnehin unklar. Wenn wir als Kinder die Liebe der Mutter und des Vaters erleben, könnten wir bestimmte Äußerlichkeiten, Sinneseindrücken oder Verhaltensweisen verfolgen. Ja, ich erinnere mich noch gut an das Fußkettchen der Bäckersfrau oder das Parfüm einer Freundin meiner Mutter, die mich als Junge beeindruckt haben. Aber keine Frau, in die ich mich bisher verliebt habe, trug weder das eine noch das andere. Auch das scheint keine Regel zu sein.

Universelle Kriterien

Angeblich gibt es universelle, für alle Menschen gültige Kriterien, was uns begehrenswert erscheint. Männer sollen aus biologischen Gründen auf ausladende Hüften stehen, da diese Rundungen ein verlässliches Zeichen sexueller Reife und Fruchtbarkeit seien. Sie sollen symmetrische Gesichter mit hoher Stirn, ausgeprägten Wangenknochen, kleine Nasen und vollen Lippen begehren. Straffe Haut, glänzendes Haar und große Brüste, die auf gute Gene und ausreichend viel Östrogene zwecks Vorbereitung auf Schwangerschaft hinweisen, tun ein Übriges. Schönheit soll objektiv messbar sein. Danach hätte eine Frau für Männer die Idealfigur, wenn ihre Taille 70 Prozent ihres Hüftumfangs hat.

Frauen sollen große Männer, schlanke Taillen und breite Schultern bevorzugen, die auf einen vorteilhaften Mix der Gene hinweisen. Je nach Stand ihres Menstruationszyklus suchen sie: in der Mitte – beim Eisprung - empfängnisbereite maskuline Männer mit kräftigen Augenbrauen, breitem Kiefer und einem markanten Kinn, weil das auf einen hohen Testosteronspiegel schließen lässt, kräftige Nachkommen zeugen zu können. Solche Männer seien zwar sexuell dominant und umtriebig, aber damit leider keine guten Väter. Zu sonstigen Zeiten ihres Zyklus sollen Frauen bei Männern weichere Gesichtszüge, also weniger Testosteron suchen. Diese Männer seien sexuell weniger umtriebig und damit verlässlichere und bessere Väter.

All das mag sein. Der Volksmund sagt „Jeder Topf findet einen Deckel". Und die Pornoindustrie bietet für jede noch so undenkbare Vorliebe ein breites Angebot. Selbst wenn die Kriterien des Begehrens und der Schönheit universell sein sollten, viele richten sich offensichtlich nicht danach. Sei es, weil sie nicht die Möglichkeit haben, einen Partner mit all diesen Merkmalen zu bekommen. Sei es, weil sich zu verlieben doch ein viel individuellerer Vorgang ist, als wir denken. Sei es, dass äußere Schönheit nicht alles, nämlich allein Oberfläche ist, auf die wir nicht gerne hereinfallen, nur um innen eine Leere vorzufinden. Sei es, dass wir jeder unsere eigenen Träume haben, für die wir leben und nach denen wir streben. Für meine Frau ist das Kriterium Nummer 1 ohnehin klar: „Ein Mann muss mich zum Lachen bringen!"

Wir suchen weniger den Anderen, gar einen körperlichen Standardtyp, als vielmehr denjenigen, der zu uns passt. Unserer Geschichte, unserem Wesen, unserer Zukunft. Wir suchen die Ergänzung zu uns. Wer nimmt mich, wie ich bin? Wer hilft mir, mich so weiterzuentwickeln, wie ich es möchte und wie es gut für mich ist? Wer glaubt an mich? So diffus uns unsere Motive und Wünsche sein mögen, so sehr suchen wir die optimale Hilfe für die Erfüllung unserer eigenen Bedürfnisse.

Wenn es gut läuft, werden aus einer oder mehreren anfänglichen Begegnungen der Verliebten viele. Gemeinsam ausgehen, kochen, Filme schauen, telefonieren, sich stundenlang unterhalten. Sich gegenseitig abtasten und öffnen, vor und zurück, sich immer besser kennenlernen, eine Ahnung von Gefühl und Verstand des Anderen entwickeln, den Anderen auswickeln wie eine Praline. Um schließlich den Kern zu spüren, anzukommen, Geborgenheit zu fühlen.

Sich zu verlieben, ist nicht den U30-jährigen vorbehalten. Verliebtheit kennt kein Alter. Sicherlich, in der Jugend ist sich zu verlieben eine neue, aufregende Erfahrung, die starke Emotionen auslöst. Als Erwachsener mögen die Sinne etwas abgestumpft sein. Anderes wie Leistung und Sachlichkeit im Beruf, intellektueller Glanz im Freundeskreis und Geld und Erfolg im Leben zählen. Doch wer sich seine Emotionen bewahrt, wird sich auch im Alter verlieben können. Ich kenne schöne Beispiele.

5 ♡ Liebeskummer

Liebeskummer klingt nach Problemen von Teenagern, er riecht nach Schulhof. Da kommt er auch her, aus der Jugendzeit. Diese Zeit ist für uns alle prägend. Doch heute sind viele Erwachsene ähnlich verzweifelt. Liebeskummer kennt kein Alter, er ist auch mit 60 plus noch möglich.

Die Liebe als eines der stärksten positiven Gefühle, die wir kennen, kann, wenn sie verletzt wird, genau so starke negative Auswirkungen mit sich bringen. Sie kann von einem Extrem ins andere fallen.

Vom Partner verlassene Menschen können ähnliche körperliche und psychische Probleme haben wie Personen, die Opfer von Gewalt, Kriminalität, Krieg, Terroranschläge oder Naturkatastrophen geworden sind. Sie sind vom Geschehen völlig überwältigt, diesem hilflos ausgesetzt und können es weder verhindern noch steuern.

Verlassen zu werden, bringt zunächst ein ganzes Bündel negativer Emotionen mit sich. Die Erinnerung an Verfehlungen und verpassten Gelegenheiten. Das Gefühl, versagt zu haben. Traurigkeit. Trennung und Abschied. Entbehrungen, zum Beispiel der Geborgenheit und sicheren Verhältnisse. Angst vor Einsamkeit. Die überwältigende Erinnerung an die Vergangenheit, die Zweisamkeit, die Familie. Die Unwiederbringlichkeit dieser Zeit macht die Vergänglichkeit und damit die Endlichkeit des Lebens deutlich. Ohnmacht, Wut und Zorn kommen auf.

Wenn das Herz bricht, kann das sehr weh tun, nicht nur seelisch, auch körperlich. Verlassene reagieren auf die Situation mit einer Übererregung. Stress und Kummer können Symptome wie bei einem Infarkt auslösen. Das Herz krampft zusammen, die Brust schmerzt. Die Ursache sind jedoch nicht verschlossene Adern, sondern ist Stress bedingt. Stress führt zu einer Verengung der Herzkranzgefäße und damit zu Funktionsstörungen des Herzmuskels. Broken-Heart-Syndrom nennt das die Medizin bezeichnenderweise. Es heilt in der Regel ohne Folgen. Sonst gäbe es wohl schon gegen die, die sich vom Partner getrennt haben, Klagen auf Körperverletzung.

Hinzu können Symptome wie Verspannungen, Bauchschmerzen, Schlaflosigkeit, innere Unruhe, Konzentrationsstörungen, eingeschränkte Leistungsfähigkeit, Kreislaufprobleme, Essstörungen oder ein geschwächtes Immunsystem auftreten. Depressive Symptome wie Lustlosigkeit gegenüber schönen Dingen, Rückzug, gar Suizidgedanken können kommen. Allerdings, „Der Liebeskummer an sich ist wissenschaftlich relativ schlecht untersucht" sagt Iris Hauth, Präsidentin der Deutschen Gesellschaft für Psychiatrie und Psychotherapie, Psychosomatik und Nervenheilkunde, dem Hamburger Abendblatt.

Verlassene fühlen sich ihrem seelischen Leid und ihren Erinnerungen machtlos ausgeliefert. Liebeskummer durchläuft regelmäßig vier Phasen:

1. Phase: die eigentliche Trennung. Das Geschehen wird verleugnet, um den Partner wird gekämpft.

2. Phase: Protest und Hadern, Groll und Rachefantasien setzen ein.
3. Phase: Selbstreflexion. Die Beziehung und die eigene Rolle darin werden in Frage gestellt. Die Einmaligkeit des Partners und die Unmöglichkeit des Verlustes beginnen zu bröckeln.
4. Phase: Neuorientierung und Neuanfang. Der Blick richtet sich nicht mehr zurück, sondern nach vorne.

Die einzelnen Phasen können unterschiedlich lang, intensiv und wiederkehrend vorkommen. Insgesamt dauern sie in der Regel ein bis zwei Jahre.

Der Umgang damit, verlassen worden zu sein, hängt stark von der Persönlichkeit des Verlassenen und den Umständen des Verlustes ab. Hat er in der Beziehung stark am Anderen geklammert, hat er ein schwaches oder ausgeprägtes Selbstwertgefühl, kündigte sich die Trennung lange an oder kam sie unvorbereitet, gibt es eine materielle Abhängigkeit und so weiter.

Verlassene fragen den Verlassenden immer nach den Gründen der Trennung. Sie wollen die Trennung verstehen. Doch der Verstand, der Kopf hilft meist wenig weiter, wenn das Gefühl, der Bauch so überwältigt getroffen ist. Meist können die Gründe des Anderen nicht nachvollzogen werden. Nicht selten sind diese „Gründe" auch nur vorgeschoben und der Kern liegt an ganz anderer Stelle, sei es, um den Anderen nicht zu verletzen, sei es, um nicht noch mehr Öl ins Feuer zu gießen. Schließlich, niemand hat ein Recht auf Begründung. Das Ansinnen, eine zu bekommen, erscheint auch etwas anmaßend angesichts des Gefühls Liebe, von dem wir nicht wirklich wissen, wie es zu Stande kommt, und deshalb oft nicht wirklich sagen können, wie es abhandenkommen konnte.

Menschen mit Liebeskummer neigen manchmal zu übertriebenen Handlungen wie völliger Rückzug, exzessiver Sport, viele sexuelle Abenteuer, übermäßiger Alkoholkonsum, Gewalttaten. Es sind Versuche, in einer Situation der Ohnmacht wieder die Kontrolle auszuüben. Schmerz macht oft böse. Da kommen auch Wut, Zorn und Hass auf. Wichtig ist, diese Emotionen nicht allgegenwärtig zuzulassen, sondern in Bahnen zu lenken, zum Beispiel jeden Tag bei einer Stunde Work-out, malen, Fahrrad fahren oder musizieren. Aggressionen sind legitim, aber sie sollten bewältigt werden. Man sollte so gefestigt sein, über jede Trennung hinwegkommen zu können.

Als Gegenstrategie gegen Liebeskummer sind Ablenkung und Flucht sicherlich kein Allheilmittel, aber in der ersten Zeit oft ein hilfreiches Mittel. Auch ein Vermeidungsverhalten von Orten, Menschen und Dingen, die an den Ex-Partner erinnern, helfen. Auf Dauer hilft weder Flucht noch Rückzug, denn die damit verbundene Isolation verfestigt sich und es bieten sich keine Gelegenheiten positiver, sozialer Kontakte.

Realität ist das, was ich sehe, fühle, denke. Das ist meine Realität. Sie wirkt sich auf mich und mein Verhalten aus. Sie mir zu nehmen ist schwer, vor allem, wenn sie von meinen Gefühlen dominiert wird. Das Dumme ist nur, jeder hat seine eigene Realität. Und die Realitäten zweier Menschen decken sich nicht, zumindest nicht zu 100 Prozent, und passen nicht immer zusammen. Wenn ich eine Frau liebe und meine, wir sollten ein Paar sein, sie liebt mich aber nicht und möchte nichts mit mir zu tun haben, so sind das zwei Realitäten, die sich gar nicht decken und die nicht zusammenpassen.

Mittel gegen den Kummer

Ich kann kämpfen, aber ab irgendwann macht das keinen Sinn. Ich muss die andere Realität akzeptieren. Sich in seine eigene Realität hineinzusteigern, führt zu keinem Erfolg, sondern zu übersteigerter Eifersucht, Krankheiten wie Depression oder anderen Sackgassen. Gefragt ist Resilienz, also die Widerstandskraft, negative Erlebnisse und Situationen im Leben wegstecken und sich selbst aus innerer Kraft wieder aufrichten zu können.

Es hilft nur, zurück zur Normalität, zurück unter Menschen zu gehen, Beziehungen zu neuen Partnern einzugehen, auch Sex zu haben. Sich aber davor zu hüten, wieder die große und einmalige Liebe zu erwarten. Den seelischen Schmerz nicht permanent gewähren zu lassen und auch nicht vollkommen zu verdrängen, sondern ihm kontrolliert einen gewissen Raum im Leben zu geben, zum Beispiel eine Stunde nach Feierabend. Vor allem, sich wieder auf das eigene Leben und dessen Freuden zu besinnen.

Wer alleine gar nicht klarkommt, sollte professionelle Hilfe durch andere wahrnehmen, zum Beispiel einen Psychologen oder Coach, der Ursachen und Mechanismen aufzeigen und so die Tür zur Welt wieder öffnen kann.

Eine Trostfantasie ist bei vielen, den Ex-Partner als Freund zu behalten, zumal viele, die gehen, dem verlassenen Partner genau das versprechen. Ich kenne Fälle, in denen das geklappt hat, aber es bleiben die seltenen Ausnahmen. Hilfreicher dürfte sein, zumal in der Anfangszeit, jeglichen Kontakt abzubrechen oder, wenn es zum Beispiel wegen der Kinder nicht anders geht, nur auf ein Minimum zu reduzieren. Der Versuchung, die digitale Flut von Bildern und Texten immer wieder durchzuklicken, zu widerstehen. Alles zu löschen, denn die Beziehung ist vorbei. Auch andere Gegenstände mit Erinnerungsfaktor sollte man nur dann behalten, wenn deren Präsenz wirklich guttut.

Ein Thema in diesem Zusammenhang ist die Vergebung. Sie kann helfen, mit dem Anderen abzuschließen. Um aufrichtig vergeben zu können, muss der Verlassene die Trennung aber wirklich überwunden haben. Von da an wäre sie für ihn aber emotional ohnehin nicht mehr von Bedeutung. Er bestünde damit kein Bedarf mehr, etwas zu vergeben. Nicht selten wird das Thema Vergebung lediglich vorgeschoben, um zu einer Versöhnung und zu einem Neuanfang zu kommen. Die Hoffnung stirbt bekanntlich zuletzt, doch wenn der Andere ein Stück mitgeht, um zu einer Normalität zu gelangen, zu allem weiteren aber „stopp" sagt, geht es bei dem Verlassenen wieder mit Phase 1 los.

In eine Welt, die angeblich vom Verstand geprägt ist und in der nur der Erfolg zählt, passt eine emotionale Niederlage, keine Erwiderung der eigenen Liebe zu erfahren, nicht rein. Doch das Leben ist keine kontinuierlich ansteigende, gerade Linie. Das Leben ist ein Auf und Ab mit Höhen und Tiefen. Ja, wir brauchen geradezu die Tiefen, um Höhen als solche erkennen zu können, sich an ihnen erfreuen zu können und überhaupt Antrieb und Kraft zu schöpfen, sie erklimmen zu wollen. Rückschläge lassen uns reifen. Auch die Liebe verspricht kein permanentes Glück.

Ein gutes Mittel gegen Liebeskummer ist eine gewisse Vorbeugung. Dazu gehört, sich in Beziehungen nicht in absolute emotionale und materielle Abhängigkeiten zu begeben, sich nicht schutzlos auszuliefern. Authentisch bleiben. Kompromisse gehören zu einer Beziehung, aber das bedeutet nicht, dass ein Partner sich so verbiegen und unterordnen muss, dass er sich nicht mehr wiedererkennt.

Dafür bedarf es Selbstbewusstsein, sich selbst als gut anzuerkennen und zu sich zu stehen. Nicht völlig in Beziehungen aufzugehen, sondern nach wie vor ein eigenes Leben zu führen, mit Freunden und Geheimnissen.

Und auch wenn es schwerfällt, macht es Sinn, sich zu fragen, was ist Gutes an der Trennung, wie konnte der Partner so wichtig und die Trennung so eine Krise werden, welche Chancen tun sich auf? Im besten Fall werden am Ende ein besseres Verständnis von sich selbst, eine gestärkte eigene Persönlichkeit und eine neue, auch neu gestaltete Beziehung stehen.

6 Die Liebe und ich

Ausgangspunkt aller Betrachtungen ist – unser eigenes Ich.

Die Suche nach uns selbst ist nicht einfach, sind wir doch komplexe Wesen. Wir haben einen sehr eingeschränkten, weil subjektiven Blick auf uns selbst. Wir wissen oft nicht, was uns fehlt oder gut für uns ist. Diese Selbstfindung hört meist unser Leben lang nicht auf.

Eine überlegte, bewusste Lebensführung ist mühevoll, kann aber Quelle von Erfüllung sein. Ein solches Leben zu führen bedeutet, einen Anspruch gegen sich selbst zu haben. Verantwortung für sich nicht bei Anderen oder beim Staat abzuladen, sondern bei sich selbst zu sehen und selbst zu tragen. Keiner hat versprochen, dass das Leben ein Einfaches ist.

Unser Staat und unsere Gesellschaft bieten uns heute weitgehende Freiheiten. Keine Stände, Fürsten, Faschisten, Kommunisten, Kirchen, Milieus, Verbände oder Institutionen schreiben uns vor, was wir zu tun oder zu lassen haben. Auch nicht, wen wir lieben dürfen oder müssen, wie zu Zeiten der Hanse oder in Zwangsehen anderer Kulturen dieser Welt heute noch. Dieser Befreiung bin ich unseren Vorfahren sehr dankbar. Doch was anfangen mit der Freiheit?

Demokratie und Kapitalismus feiern sich als einzig überlebende und überlegene Gesellschaftsformen der sogenannten westlichen, ja der gesamten Welt. Viele erfahren Wohlstand, und doch erleben in

Europa und Nordamerika Rechtsradikale und Exoten ungeahntes Gehör, die uns scheinbar einfache Antworten auf eine uns immer komplexer erlebte Welt mit Rezepten aus längst überwunden geglaubten Zeiten anbieten. Freiheit fordert uns und in ihrer Hilflosigkeit fühlen sich offensichtlich viele alleingelassen. Freiheit macht eine eigene bewusste Lebensführung zur Notwendigkeit.

Doch habe ich wirklich die Möglichkeit, allein selbst über mich zu bestimmen? Natürlich kann nicht jeder von uns in einem absolut freien Raum leben. Wir sind fremdbestimmt, ohne es zu wissen und verhindern zu können. Biologisch durch unsere genetischen Anlagen. Psychologisch, sozial und kulturell durch unsere Eltern, Lehrer und das sonstige frühe soziale Umfeld. Ökonomisch, politisch und rechtlich durch unseren Gesellschafts- und Staatsaufbau und unsere Gesetze. Wir benötigen Regeln, um gemeinsam leben und leben lassen zu können. Die offene Gesellschaft hat ihre sehr klaren Grenzen.

Aber in diesem Rahmen können wir wählen, welche Haltung wir einnehmen, welche Meinung wir vertreten, welche beeinflussbaren Vorbedingungen wir annehmen oder verwerfen möchten. Alles, was wir tun oder lassen, basiert auf einer Entscheidung von uns. Sich das bewusst machen und mehr Entscheidungen bewusster treffen, führt zu einem bewusst und eigenverantwortlich geführten Leben. Wem das anstrengend erscheint, wie sähe die Alternative aus? Jemand anders würde für uns entscheiden, ob uns dessen Entscheidungen passen oder nicht. Also zum Beispiel Unmündigkeit in einem totalitären Regime. Das hatten wir und wir sehen es heute noch in zu vielen Teilen dieser Welt. Wer mit diesem Holz zündelt, hat nichts vom Leben und seinen Möglichkeiten verstanden.

Unsere Moderne ist gekennzeichnet von Auflösungen von Zusammenhängen und Beziehungen, siehe Singles und virtuelle Arbeitswelten. Doch Menschen können Bindungs- und Beziehungslosigkeit kaum leben. Das bedeutet zunächst, zu sich selbst eine Beziehung zu haben, sich an sich selbst gebunden zu fühlen, sich selbst damit Struktur, Inhalt und Sinn zu geben. Damit wird die Voraussetzung geschaffen, sich anderen öffnen zu können.

Es ist wichtig, sich selbst zu kennen und zu schätzen, mit sich selbst weitestgehend „im Reinen" zu sein und sich selbst genügen zu können. Doch das allein führt in eine Sackgasse.

Wer zu viel alleine ist, wird komisch. Oft veröden solche Menschen, kapseln sich im permanenten Rückzug immer mehr ab, oder sie haben ein übersteigertes Mitteilungsbedürfnis, doch leider machen Sie Einzeller zu Dinosauriern oder bieten nur Geschichten aus dritter Hand, erzählen also aus dem Leben Anderer. Oder sie möchten sich durch Abwegiges hervortun wie Extremsport oder sich eine Schlange halten.

Wir brauchen die Anderen

Nur durch Andere, durch den Austausch, das Miteinander mit ihnen, bekommen wir für uns die notwendigen Anregungen, uns stets weiterzuentwickeln. „Jeder braucht ein Korrektiv" sagt meine Frau immer (und meint damit vor allem mich). Nur mit Anderen können wir den ganzen Strauß an Situationen erfahren, die das Leben bereithält. Können wir all die Gefühle und Verhaltensweisen, die in uns stecken, zum Vorschein bringen und entwickeln. Nur das, was wir für Andere tun, führt zu einer inneren Erfüllung, die wir uns selbst nicht geben können. Das beste Beispiel sind die eigenen Kinder. Nur Andere machen unser Leben sinnvoll und bunt.

„Unser einziger Grund zu leben ist die Fortpflanzung zwecks Arterhaltung" hat mein Biologielehrer mir mal gesagt. Mehr Anspruch, Sinn und Ziel haben das Leben und die Welt zunächst nicht an uns. Es ist an uns selbst, zu überlegen, was wir aus unserem Leben darüber hinaus machen möchten, und unsere Ziele zu verfolgen. Und zu leben, also die Vielfältigkeit, die Buntheit, die uns das Leben auf dieser Welt heute bietet, zu probieren und zu erfahren.

Dazu gehört, ein gewisses Risiko einzugehen, Trial & Error, Niederlage und Erfolg. Der Versuch, das Leben zu planen, sich zurückzuziehen in feste Strukturen, Sicherheit zu haben, ist eine Selbstbeschneidung des Lebens, die einengt und unfrei macht. Es ist nicht schlimm zu scheitern. Es ist schlimm, es nicht versucht zu haben. Aufstehen, Krone richten, weitermachen.

Wir lernen uns selbst nicht nur durch die Innenbetrachtungen, sondern vor allem durch die äußere Welt kennen. Durch bestimmte Lebenssituationen, durch Begegnungen und Beziehungen zu Anderen, durch Erfahrungen. So erleben wir, was wir wissen, wie wir reagieren, wie wir wirken, was wir bewirken. Je mehr Kenntnisse wir dabei über uns selbst sammeln, je besser werden wir in der Lage sein, uns in der Welt und mit anderen Menschen zurechtzufinden. Der Satz „man lernt nie aus" sollte eines jeden Lebensmotto sein.

Dieser Blick nach außen meint nicht, sich abhängig von Anderen zu machen. Wir sind auf Andere angewiesen, um uns durch sie selbst zu finden. Hier geht es aber zunächst nicht um Beziehungen, sondern allein um uns selbst. Unser Selbst zu entwickeln und zu definieren. Das, was uns ausmacht, Charakter, Werte, Gefühle, Persönlichkeit. Diese Kenntnis ist Basis unseres Selbstvertrauens, eigene Fähigkeiten, Verhaltensweisen und Erkenntnisse realistisch einschätzen und anwenden zu können in Erwartung positiver Ergebnisse.

Wer zu sich selbst Vertrauen hat, kann sich so annehmen, wie er ist. Das ist die Basis, sich selbst lieben zu können.

Es wäre eine kaum vorstellbare innere Zerrissenheit, eine innere Leere, wer sich selbst nicht liebte. Selbstliebe ist jedem zu wünschen. Wer sich selbst liebt, kann sich auch Anderen zuwenden. Selbstliebe ist Voraussetzung, Andere lieben zu können, sei es den Partner, die Kinder oder den Nächsten.

Die gesellschaftlichen Entwicklungen haben trotz aller Töne vor allem von Rechten zu mehr Offenheit geführt. Schwule, Lesben und Menschen mit anderen sexuellen Orientierungen haben heute eine ganz andere Akzeptanz in der Gesellschaft als noch vor 20 Jahren. Früher sind körperliche Behinderungen als Makel bewertet und versteckt worden. Heute sehen wir Paralympics und andere Sportereignisse mit Sportlern mit Behinderungen im Fernsehen. Es gibt Models mit körperlichen Beeinträchtigungen wie Hautpigmentstörungen oder amputierten Gliedmaßen. Am Strand versteckt kaum noch jemand seine körperliche Versehrtheit.

Auch das Alter, das im Jugendwahn vergangener Jahre in der Öffentlichkeit wie in der Wirtschaft als Makel galt, hat mittlerweile eigene Model-, Werbe- und Beziehungs-Märkte. Da mag die Wirtschaft

die steigende Überalterung unsere Bevölkerung durch die geburten-
starken Jahrgänge ab Anfang der 60er Jahre im Blick haben. Dennoch, hinsichtlich Sexualität und Physis gibt es immer weniger
Hemmnisse zur Selbstliebe.

Bleibt natürlich die eigene Psyche – und die ist ein komplexes,
weites, aber auch höchst individuelles Feld, das jeder für sich selbst
beackern muss, und sei es mit professioneller Hilfe, zum Beispiel eines Psychotherapeuten.

Die Übertreibung der Selbstliebe ist der Narzissmus, die übertriebene Selbstbezogenheit. Die Ursache für Narzissmus sind innere Wi-
dersprüche. „Der pathologische Narzisst versucht unbewusst durch
übersteigerte Größenfantasien sein eigentlich tief empfundenes Min-
derwertigkeitserleben, seine innere Verlorenheit abzumildern" definiert Bernhard Haslinger, Leiter des Früherkennungs- & Therapie-
zentrums für beginnende Psychosen Berlin-Brandenburg an der Ber-
liner Charité, im Hamburger Abendblatt.

Der Begriff kommt aus der griechischen Mythologie, nach der
sich der schöne Göttersohn Narziss in sein eigenes Spiegelbild verliebt. Narzissten haben wenig Empathie, sind meist rücksichtslos.
Ihre Vorstellung der eigenen Großartigkeit und Unverwundbarkeit
sehen sie stets durch das eigene Scheitern bedroht. Sie können Menschen, von denen sie lediglich fürchten, es könne von ihnen nur eine
Schwächung für sich ausgehen, scheinbar ohne Begründung bei nich-
tigen Anlässen von einem Augenblick zum anderen fallen lassen.
Narzissten sind in den eigenen Ansprüchen maßlos und haben Anderen gegenüber eine ausbeuterische Haltung.

Es gibt zwei Arten von Narzissten: die offenen Narzissten sind leistungsorientiert, knüpfen Kontakte und machen schnell Karriere. Die verdeckten Narzissten zweifeln an sich selbst, haben soziale Angst und Neid. Narzissten neigen zu Depressionen, zu Sucht und zu Ängsten. Sie sind zu echten Beziehungen unfähig, weshalb sie in Einsamkeit leben.

Bis zu 4 Prozent der Menschen sollen einen pathologischen Narzissmus haben. Auch wenn es eine hohe Dunkelziffer gibt, es bleiben Ausnahmen. Peter Lauster schreibt in seinem Buch „Die Liebe", „…denn die Mehrzahl der Menschen ist nicht psychisch gesund, sondern krank. Die seelische Störung ist die Regel, nicht die Gesundheit, wie es eigentlich sein sollte". Das ist eine Aussage, die wohl nur von einem Psychologen kommen kann. Meine Ausgabe ist von 1983. Immerhin hatte er Weitsicht, denn manchmal habe ich den Eindruck, in heutiger Zeit wird fast jedes Verhalten als eine Krankheit gewertet.

Ja, auch ich empfinde viele Menschen als seltsam, gestört, speziell, eigen, krank. Ich habe kürzlich einen offenen Narzissten in Reinkultur erlebt und 2 Jahre unter ihm gelitten. Aber wir sollten akzeptieren, dass es den perfekten Menschen nicht einmal in der Theorie gibt (wer sollte auch allgemeingültig definieren, was „perfekt" ist?), schon gar nicht im wirklichen Leben. Der Mensch ist ein komplexes Gebilde, physisch wie psychisch. Die Übergänge von auffälligem Verhalten zu pathologischem Narzissmus sind fließend. Nach Lauster ist die Liebesfähigkeit bei 90 Prozent der Menschen komplexhaft gestört. Auch wenn da neben dem Narzissmus viele andere Krankheitsbilder hinzukommen, erscheint mir diese Behauptung doch sehr gewagt.

Wir sollten uns nicht durch Psychologen, Mediziner und die Pharmaindustrie Krankheiten einreden lassen. Wir sollten uns selbst besser kennenlernen und mit dieser Stärke das Leben suchen.

7 Schatten der Liebe

Wo viel Sonne ist, gibt es immer auch Schatten. Wir wollen uns auf die bekanntesten und wohl auch stärksten negativen Emotionen, beschränken, die Eifersucht und den Hass. So unschuldig sie oft daherkommen, so zerstörerisch sind diese wie auch andere Verhaltensweisen, die aus ihnen erwachsen können.

Liebe ist die stärkste positive Emotion, zu der wir fähig sind. Entsprechend stark können sich ihre negativen Seiten ausprägen. Eine dieser unerfreulichen Begleiterscheinungen ist die Eifersucht.

Eifersucht ist alltäglich. Fast jeder Deutsche gibt zu, hin und wieder eifersüchtig zu sein. 30 Prozent von ihnen sollen sogar gestehen, sie seien „extrem eifersüchtig". Eifersucht macht uns die Liebe und das Leben schwer.

Hinter der Eifersucht stehen Ängste, den geliebten Partner zu verlieren. Diese Ängste können verschiedene Gründe haben. Eine gesteigerte Begierde auf den Partner und nun drohende Frustration. Macht über den Partner ausüben zu wollen und nun drohender Machtverlust. Nicht mehr geliebt zu werden und nun drohende Einsamkeit. Die Veränderung an sich und nun drohende Versagensängste.

Die Angst kann berechtigt sein, zum Beispiel wenn der Partner eine Trennung wegen eines Anderen ankündigt. Sie kann vermeintlich sein, das heißt ohne einen objektiven Anlass. Um den (vermeintlichen) Verlust zu verhindern, soll Kontrolle über den Partner ausgeübt werden.

Das zunächst hinsichtlich seiner Sozialkontakte, um Bekanntschaften, Freundschaften oder intensivere Beziehungen früh erkennen zu können. Es kann aber auch soweit gehen, dass der Partner nichts mehr alleine machen soll. Denn jeder Freiraum birgt die Gefahr ungeteilten Glücks. So wird selbst das vom Partner alleine im Keller ausgeübte Hobby zur vermeintlichen Bedrohung.

Wem das Materielle wichtig ist, der möchte besitzen. Der läuft Gefahr, auch in der Partnerschaft Besitzansprüche zu haben. „Du gehörst mir!" Angst vor Verlust lässt den Besitzanspruch immer größer und Sicherungsmaßnahmen immer umfassender werden. Je größer die Einengung des Anderen, je größer dürfte dessen Wunsch nach Freiheit werden.

Neben den Ängsten und zwanghaften Verhaltensweisen drückt sich Eifersucht in Wut, Neid oder anderen Aggressionen aus, aber auch in Scham und Trauer. Nicht selten spielt Alkoholmissbrauch eine Rolle und sind Depressionen gegeben.

Für den so in Besitz genommenen Menschen ist die Eifersucht erdrückend. Sie fesselt ihn und schränkt ihn in der Entfaltung seiner Persönlichkeit ein. Auch er kann Wut oder andere Aggressionen, Trauer und Depressionen entwickeln.

Beziehungen können an Eifersucht zerbrechen. Der eifersüchtige Partner geht an seinem nagenden Gefühl zugrunde, der von der Eifersucht verfolgte Partner hat die Hölle auf Erden.

Eifersucht kann zu Straftaten führen. Sie ist eines der bekanntesten Mordmotive. Stalking ist eine relativ neue Entwicklung, ist aber bereits als Straftat qualifiziert, wenn das Stalking die Freiheit und Entfaltung des Anderen einschränkt.

Die Eifersucht ist eine der destruktivsten Emotionen von Menschen. Sie führt zu keinem konstruktiven Ergebnis, denn kein Beteiligter kann daraus etwas Positives gewinnen: der eifersüchtige Partner ist davon überzeugt, dass er Recht hat mit seinen Unterstellungen. Er sucht und findet subjektiv nur Beweise, die seine Hypothese untermauern, dass der Partner ihn belügt, betrügt, nicht mehr liebt und so weiter. Der so verfolgte Partner kann machen, was er will, der Eifersüchtige wird es ihm immer zu seinem Nachteil auslegen. So kann am Ende einer solchen Negativspirale für die Beziehung nur der Bruch oder eine Katastrophe stehen. Und damit das Gegenteil dessen, was gewollt war.

Eifersucht widerspricht zwei wichtigen Grundlagen der Liebe. Liebe basiert auf Vertrauen und sie hat nicht das Ziel, jemanden zu besitzen. Liebe impliziert immer, nicht zu fesseln, sondern loslassen zu können. Den geliebten Menschen zunächst so anzunehmen, wie er ist. Ihn glücklich zu sehen.

Wo endet die alltägliche, wo beginnt die krankhafte Eifersucht? Der krankhaft Eifersüchtige leidet unter Realitätsverlust. Er ist nicht mehr in der Lage, das Verhalten des Partners rational zu deuten. Sein

Opfer kann kaum etwas richtig machen. Verteidigt es sich, ist das der Beweis seines heimtückischen Verhaltens. Schweigt es, ist es sein Schuldanerkenntnis. Die Eifersucht zersetzt nach und nach die Psychen beider.

Die Ursache für Eifersucht ist regelmäßig ein wenig ausgeprägtes Selbstwertgefühl. Wer sich selbst für wenig begehrenswert hält, sieht seine Beziehung in Gefahr. In den Partnerschaften sind folglich meist die weniger attraktiven und erfolgreichen Partner die eifersüchtigeren.

Es ist ein Trugschluss zu meinen, am Grad der Eifersucht den Grad der Liebe des Eifersüchtigen zu erkennen. Vielmehr ist zu erkennen, je eifersüchtiger jemand ist, desto besitzorientierter, egoistischer und Ego-schwächer ist er.

Es fließen die Erfahrungen ein, die wir im Leben bewusst oder unbewusst gemacht haben. Haben wir als Kleinkind die gebührende Zuneigung von unseren Eltern erfahren, sind wir als Kind und Jugendlicher in unserem sozialen Umfeld angenommen oder abgelehnt worden, mussten wir bereits Verluste von uns nahstehenden Menschen verkraften, haben wir hinreichend Aufmerksamkeit erhalten und so weiter. Je nachdem, welche Erfahrungen wir gemacht haben, stärken sie uns oder sie schwächen uns und machen uns anfälliger, zum Beispiel in ein eifersüchtiges Verhalten zu verfallen.

Was ist Gutes an der Eifersucht? Sie erhöht unsere Aufmerksamkeit dem Partner gegenüber und ist damit ein Frühwarnsystem gegen Gefahren für die Beziehung. Sie ist aber nur in homöopathischen Dosen verwendet ein sinnvolles Mittel in Beziehungen.

Ist Eifersucht heilbar? Daniela van Santen, Beziehungscoach, betreibt in Hamburg eine „Eifersuchtssprechstunde" und kann zumindest von Erfolgen in Einzelfällen berichten. Claas-Hinrich Lammers, Ärztlicher Direktor der Psychiatrie der Asklepios Klinik Nord, rät bei krankhafter Eifersucht, sich von Experten, also ärztlich therapieren zu lassen.

Der Hass und die Ängste

Der Gegensatz von Liebe ist Hass – könnte man denken. Hass ist die übersteigerte, ja blinde Ablehnung einer Person, Sache oder Idee. Hass ist absolut. Wer hasst, sucht nicht die inhaltliche Auseinandersetzung, weder mit sich selbst noch mit dem, auf den sich der Hass bezieht. Hass ist negativ und destruktiv, er verharrt in bloßer Ablehnung, ohne eine Lösung anzubieten, diese negative Einstellung aufzuheben oder zumindest mildern zu können.

Diese Radikalität kennt nur eine Lösung: das Objekt des Hasses muss sich verändern, muss sich auflösen. Das ist natürlich eine Illusion. Weshalb sollte ich mich umbringen, nur weil mich jemand hasst, schließlich lebe ich gerne? Weshalb sollte sich der Kommunismus auflösen, nur weil Kapitalisten ihn hassen, schließlich glauben nach wie vor viele Menschen an diese Idee? Dem Hass geht es nicht um Inhalte, um Argumente, er sieht nicht den oder das andere, er sieht nur sich selbst. Aber unsere Welt funktioniert nicht so, dass andere immer genau das tun und denken, nur weil ich es so will.

Was tun mit Menschen, die hassen? Hass ist nur der übertriebene Ausdruck dessen, worunter ein Mensch leidet. Es ist der argumentationslose Versuch, sich selbst Bestätigung und Recht zu geben. „Da bin ich, ich schreie es raus, Du kannst mich nicht übersehen, ich setze mich durch!" soll die Botschaft sein. Das steigert das Selbstwertgefühl, präsent zu sein, und das Ich, nämlich über das Objekt des Hasses zu bestimmen. Die vermeintliche Macht und Dominanz machen vermeintlich stark.

Hass hat seine Ursachen. Zum Beispiel beim Partner, der einen verlassen hat oder zumindest angeblich benachteiligt oder nicht hinreichend gewertschätzt hat. In dem Gefühl der Ohnmacht, nichts gegen das Verhalten des Anderen tun zu können. In einer Lebenskrise zu sein. Jetzt ohne den Partner leben zu müssen. Ungeliebt zu sein. Das gewohnte Leben aufgeben zu müssen. Scham vor Anderen.

Es sind regelmäßig Ängste, die Hass begründen, wie im Beispiel oben Verlust- oder Versagensängste. Es ist also die Frage zu stellen, in welchen Ängsten eines Menschen sein Hass wurzelt und durch diesen ein Ventil sucht.

Wohl jeder hat Ängste. Sie sind natürlich und haben ihre Funktion für uns. Sie zeigen uns Gefahren an und warnen uns vor diesen. Wir erleben Ängste in Situationen, die neu für uns sind, denen wir uns nicht gewachsen fühlen und die uns ohnmächtig, hilflos oder abhängig zu sein fühlen lassen. Nach Fritz Riemann unterscheiden wir vier grundlegende Ängste, die Existenz-, Verlust-, Gewissens- und Versagensangst.

Unsere Geburt bringt uns unvermittelt in ein Dilemma. Wie jedes Lebewesen möchten wir leben, überleben. Der Selbsterhaltungstrieb ist sicherlich unser tiefster Instinkt. Wir möchten zudem in diese

Welt hineinwachsen. Doch unsere Mittel dafür sind zunächst sehr begrenzt, wir sind hilflos in doppelter Hinsicht:

Zum einen sind wir nicht in der Lage, uns klar mitzuteilen. Wir können nicht sagen „Ich habe Hunger" oder „Ich habe Bauchweh", wir können nur schreien. Wir können uns auch nicht wehren gegen das, was auch immer mit uns geschieht. Zum anderen sind wir anderen Menschen, das sind vor allem unsere Eltern, ausgeliefert. Wir sind auf sie angewiesen, dass sie sich um uns kümmern, uns ernähren und pflegen. Die per se gegebene Geborgenheit im Bauch der Mutter ist nicht mehr da. Das alles ist für uns eine neue Situation. Sie ist der Grund für unsere früheste und, da es um unser Überleben geht, tiefste Angst, die gemeinhin Existenzangst genannt wird.

Wir erleben diese erste Lebenszeit positiv, wenn wir uns darauf verlassen können, dass Mutter und Vater immer wieder zu uns kommen, uns regelmäßig füttern und pflegen, uns ihre Zuneigung geben. Wir entwickeln Geborgenheit und Vertrauen.

Andersherum, wechseln die Bezugspersonen, werden wir vernachlässigt oder empfangen wir keine Zuneigung, dann erfahren wir die Welt als Bedrohung – unserer Existenz. Wir werden misstrauisch und vorsichtig distanziert. Wird diese Distanz überschritten, fühlen wir uns bedroht. Diese Angst lässt Nähe nicht zu, da Nähe als Gefahr erlebt wird. Solche Ängste führen zu Isolation und Einsamkeit. Solche Menschen sind kaum bindungs- und beziehungsfähig.

Als Kleinkind können wir uns nun hinreichend mitteilen, aber wir realisieren, dass es eines Anderen, regelmäßig unserer Mutter bedarf, um unsere Bedürfnisse zu befriedigen und uns unsere Geborgenheit zu geben. Ihre Nähe ist uns somit ein permanentes Bedürfnis. Nun ist keine Mutter rund um die Uhr direkt bei ihrem Kind. Geht sie aus dem Raum, aus Fühl-, Sicht- und Hörweite, entwickeln wir Angst vor Trennung oder auch Verlust. Fatal ist, je tiefer wir die Zuneigung, die Liebe unserer Mutter empfangen und je tiefer wir sie lieben, je höher ist unser potentieller Verlust bei einer Trennung, je größer ist folglich unsere Angst davor.

Machen wir nun die Erfahrung, dass unsere Ängste unbegründet waren, weil wir erlebt haben, dass unsere Mutter da ist, wenn wir sie brauchen, entwickeln wir eine Sicherheit um unsere Situation. Mit dieser Sicherheit im Rücken werden wir auch später darauf setzen können, Trennungen, Abschiede und auch Einsamkeit leichter aushalten zu können. Machen wir die gegenteilige Erfahrung, dass wir viel allein gelassen worden sind, vernachlässigt worden sind, keine Sicherheit entwickeln konnten, bleibt die Angst vor Trennung und Verlust. Folglich werden wir auch im späteren Leben alles tun, um Bezugspersonen wie Partner und Kinder an uns zu binden. Das äußert sich in übertriebener Fürsorge, übermäßigem Verwöhnen und selbstlose, für den anderen aufopfernde „Liebe". Solche Menschen klammern sich an ihren Partner, weniger aus Liebe, sondern viel mehr aus Angst, nicht geliebt zu werden.

Als Kinder erleben wir die ersten Konflikte. Was wir wollen, möchten unsere Eltern nicht unbedingt, und umgekehrt. Unsere Eltern werden gewisse Verhaltensweisen, also Regeln im Leben haben. Diese Gebote und Verbote werden sie an uns weitergeben, bewusst oder unbewusst. Gehorcht das Kind, erfährt es sich als gut. Gehorcht es nicht, erfährt es sich als böse. In beiden Fällen werden die Reaktionen der Eltern eindeutig sein, wie pädagogisch sie sich auch immer verhalten. Kinder erleben durch die Bewertung Anderer den Zusammenhang ihres Handelns und die Folgen davon. Sie erleben sich dabei auch als „böse". Damit entwickeln wir die Angst vor Schuld und Strafe, die Gewissensangst.

Wachsen Kinder in einer toleranten Umwelt auf, die Verständnis für das Kind hat und Regeln situationsbedingt lebt, werden die Kinder lernen, sich mit Regeln und Autoritäten auseinanderzusetzen und selbständig zu urteilen und zu entscheiden.

Ist das nicht der Fall, erleben die Kinder ihre Umwelt als starr und autoritär, in der es allein um die Regeln und deren Einhaltung geht, die sie in ein Korsett zwängen. Dann entwickeln sie tiefe Schuldgefühle und Ängste vor Strafe. Sie entscheiden nicht, sondern folgen den Regeln, sind gefügig und angepasst. Sie werden korrekt und verlässlich sein, aber kaum Mut im und Selbstverantwortung für ihr Leben entwickeln, spontan oder risikofreudig sein. Die Pflicht, ja der Zwang, alles richtig zu machen, der Perfektionismus beherrscht ihr Leben. Solche Menschen lassen für sich eine gefühlvolle, freie und offene Liebe und Beziehung nicht zu.

Mit der Pubertät entwickeln wir das Bedürfnis, liebenswert zu sein. Wir fangen an, uns als Geschlechtswesen zu begreifen, entdecken unsere Sexualität und starten erste Versuche partnerschaftlicher Beziehungen. Dabei buhlen wir im Wettbewerb mit Anderen um die Gunst der Person unserer Träume. Wir möchten erfahren, dass unsere Liebe gehört und gewertschätzt wird, und wir möchten, dass unsere Liebe erwidert wird.

Wir fangen an, uns als ganzheitliche Person, als „Erwachsener" zu begreifen. Diese Situation birgt die Gefahr, dass unsere Liebe nicht erwidert wird, wir uns als nicht liebenswert erfahren. Dass wir uns mit unseren Aktionen, zum Beispiel dem Werben um ein Mädchen oder einen Jungen, vor diesen oder, noch schlimmer, vor Dritten blamieren. Es ist die Angst, minderwertig zu sein, zu versagen, die Angst, sich selbst als unwert zu erleben.

Haben wir Eltern, die uns ein Vorbild geben, auch für unsere Geschlechterrolle, die uns das Gefühl vermitteln, liebenswert zu sein, die uns festigen und uns somit ermöglichen, als ganze Person eine Identität zu entwickeln, erwachsen zu werden, haben wir eine Blaupause für unsere Identität, auf der wir uns entwickeln können.

Sind die Eltern selbst unreif, ohne oder mit doppelter Moral oder geben sie dem Kind das Gefühl, nicht angenommen zu sein, wird das Kind seine Rolle in der Welt der Erwachsenen nicht finden. Es fehlt ihm das Fundament, ohne dass sein Leben jederzeit ins Wanken, in die Katastrophe führen kann. Es versucht, sich allem und jedem zu entziehen, flieht in Unverbindlichkeit. Prüfungsangst und Angst vor Konflikten werden es begleiten. Solche Menschen sind schlecht zu erobern, trauen sie doch dem Werben nicht, können sich nicht hingeben und binden, meiden feste Beziehungen.

Ängste begleiten uns unser Leben lang, mal ausgeprägter, mal weniger stark. Wir sollten uns unser Leben nicht von unseren Ängsten beherrschen lassen. Ängste beeinflussen unsere Liebesfähigkeit und unsere Art zu lieben. Es ist an uns, sie nicht ein allzu großer Störfaktor, ein Hemmnis sein zu lassen. Als Erwachsene können wir uns reflektieren, Erkenntnisse um unsere Psyche und Ängste verschaffen, uns Wissen um Abhilfe bei Problemen aneignen und uns Hilfe holen. Die Auseinandersetzung mit uns selbst ist nicht einfach. Doch Ängste zu bewältigen oder gar zu überwinden lässt uns reifen. Diesen Anspruch sollten wir uns gegenüber nie aufgeben – uns weiterzuentwickeln.

8 ♡ Beziehungen

Beziehungen aller Art, ob hetero, schwul, lesbisch oder rein sexuell werden heute in den Medien thematisiert. „Probleme", von denen man eigentlich nicht hören möchte oder von denen man nicht wusste, dass sie welche sind, werden ungeniert ausgebreitet. Und der Fragebogen bei den Dating-Portalen will auch adäquat ausgefüllt sein.

Richtig ist, partnerschaftliche Beziehungen sind eine schwierige Angelegenheit. Was vor sich geht, wenn sich zwei Menschen zusammentun, ist komplex. Was hat ihre Partnerwahl bestimmt? Welche Motive und Ziele hat jeder für sich und beide zusammen? Worin haben auftauchende Probleme ihre Ursachen und wie sind sie zu lösen? Viele Paare stellen sich solche Fragen nicht oder sehen sich außerstande, sich solche und ähnliche Fragen zu beantworten. Der Wunsch, geliebt zu werden, ist dabei ein Beweggrund, der, wäre das Bündel der Gründe ein Eisberg, sicherlich sehr breit, aber damit auch sehr tief im Verborgenen unter Wasser liegen würde.

Eine starke und stabile partnerschaftliche Beziehung zählt nach wie vor zu den wichtigsten Zielen vieler Menschen. Doch die Realität sieht oft anders aus. In den Großstädten ist jeder zweite Haushalt ein Single-Haushalt. Zirka 40 Prozent aller Ehen werden geschieden, im Durchschnitt nach 15 Jahren. Zirka 170.000 Scheidungen gibt es in Deutschland pro Jahr. Die Scheidungen von Ehen, die mehr als 25 Jahre gehalten haben, haben sich in den letzten Jahren verdoppelt.

Es gibt unzählige Ratgeber zum Thema Ehe und Beziehung in den Buchhandlungen. Sie alle scheinen kaum zu helfen.

Verliebtheit ist ein rauschähnlicher Zustand. Die Realität wird gleich von zwei Seiten getrübt. Wir sehen nur das, was wir sehen wollen. Alles andere wird ausgeblendet. Und wir geben uns von unseren Schokoladenseiten. Weniger schöne Eigenschaften und Angewohnheiten unterdrücken wir. Doch wenn die Verliebtheit verflogen, die gemeinsame Wohnung bezogen ist, dann bleibt unser Blick nicht verstellt und wir selbst können uns auch nicht ewig verstellen. Dann werden die herumliegenden Socken und die vermeintlich falsch ausgedrückte Zahnpastatube Beziehungs-Themen. Und nicht nur die. Die Enttäuschung mag groß sein, wenn das Bild des Anderen aus Zeiten der Verliebtheit im Erleben des Alltags bröckelt.

Hinzu kommt: ja, ich wollte und will den Partner, aber wo ist mein eigenes Leben geblieben? Müssen wir jetzt alles zusammen machen? Zuviel Nähe kann erdrücken und die eigene Freiheit schmerzlich vermissen lassen.

Es gibt kein allgemein gültiges Rezept, das eine dauerhafte gute Beziehung garantiert. Es gibt aber Hinweise, die hilfreich sein könnten.

Die Basis einer jeden guten Beziehung ist Vertrauen. Das wiederum setzt Selbstvertrauen voraus. Nur wer sich selbst kennt, kann darauf vertrauen, dass das, was er tut, gut und richtig für ihn ist. Wer sich mit sich selbst auseinandersetzt, findet zu sich, den eigenen Werten, Eigenheiten und Träumen. Er kann aus gemachten Erfahrungen, aus seiner Sicht richtig gehandelt und eine für ihn gute Entscheidung, ein gutes Ergebnis bewirkt zu haben, ableiten, auch in anstehenden Themen für sich ähnlich erfolgreich zu agieren. Die Erfahrungen wie die Prognosen festigen uns. Dieser Halt macht uns stark, sich auch auf andere Menschen einlassen zu können. Kritik ertragen zu können, sich anvertrauen zu können, andere Menschen akzeptieren zu können. Wer sich selbst mag, kann auch andere mögen.

So, wie Selbstvertrauen uns ermöglicht, uns auf Beziehungen einzulassen, so geben uns stabile Beziehungen Selbstvertrauen zurück. Sie bestätigen uns, richtig gehandelt zu haben und wirklich angenommen zu werden.

Wer Selbstvertrauen hat, kann sich mit einem guten Selbstbewusstsein auf Beziehungen einlassen, die Beziehung positiv angehen und damit, wie sonst auch im Leben, eine sich selbst erfüllende Prophezeiung schaffen. Er kann Mut haben, nicht nur den ersten Schritt zu machen, sondern in der Beziehung diese durch weitere Schritte zu entwickeln, auch Risiken einzugehen. Denn wie das Leben und die Liebe ist auch eine Beziehung immer auch Risiko, kann man doch nie wirklich wissen, was kommt.

Das Risiko einer Beziehung können wir minimieren, indem wir uns Partner suchen, die uns ähnlich sind. Und das tun die meisten von uns – wenn auch eher unterbewusst. In 90 Prozent der Ehen stammen die Partner aus dem gleichen Milieu. Bildung, Intelligenz und Wohlstand sind annähernd homogen.

Wie tickt der Partner?

Relativ schnell versuchen wir herauszufinden, ob unser Gegenüber Werte zum Ausdruck bringt, die auch wir haben. Ob Erwartungen bestehen, die auch wir uns von der Zukunft und als Teil dessen von einer Beziehung erhoffen. Dabei spielen Themen wie Familie, Kinder und deren Erziehung, aber auch materielle Erwartungen, die Verwendung von Geld eine Rolle. Auch Freunde und Hobbys, wobei es weniger darum geht, dieselben zu haben, sondern wie ausgeprägt sie gelebt werden, ob zu wenig oder zu viel Freiraum erwartet wird.

Letztlich geht es um das gemeinsame Verständnis, wie das Zusammenleben konkret ausgestaltet werden sollte. Die Homogenität stärkt jeden Partner für sich, bestätigt der andere ihn doch regelmäßig in seiner eigenen Auffassung und gibt ihm damit Sicherheit, das Richtige zu denken und zu tun. Sie stärkt damit die Bindung an den Partner, also die Partnerschaft insgesamt.

Dabei können die Partner durchaus verschieden sein, in ihrem Temperament oder in ihren Fähigkeiten. Das ist in heterogenen Beziehungen bei Mann und Frau ohnehin meist der Fall...

Die Homogenität nimmt in den meisten Beziehungen im Laufe der Zeit zu. Erfahrungen werden geteilt, Entscheidungen werden gemeinsam getroffen, die Meinung des anderen kann antizipiert werden. So ähneln sich Einrichtungsstil, Kleidungsstil (bis hin zum Partnerlook in Haarschnitt und Jacke), Hobbys, aber auch Sprache, Mimik, Gestik und das Weltbild zu gesellschaftlichen und politischen Fragen immer mehr.

Es gibt Menschen, die gezielt das Andere in ihren Partnern suchen. Frei nach dem Motto „Gegensätze ziehen sich an". Das ist spannend und für beide Seiten sicherlich sehr befruchtend, quasi in andere Welten einzutauchen. Doch eine solche Konstellation birgt ungleich mehr Potential für Auseinandersetzungen. So verlockend das Andersartige sein mag, kommt es vermehrt zu Konflikten, gar zu Dauerstress, ist das nicht gut für die Beziehung. Kaum jemand bekommt das geregelt und hält das auf Dauer aus. Zudem gibt es keine Erkenntnisse, dass solche Beziehungen glücklicher machen oder länger halten als Partnerschaften, die von Homogenität getragen sind.

Wenn die Partner sich nun ähnlich sind, muss die Beziehung deshalb langweilig sein und scheitern? Eine Beziehung aufrecht zu erhalten, nicht nur die partnerschaftliche, ist immer Arbeit. Beziehungsarbeit.

Die Gefahr ist, den Partner und die Beziehung als selbstverständlich zu nehmen. Dann lebt jeder nur noch sein Leben und beide Partner nebeneinander her. Oder gar nur noch Ansprüche zu stellen, zu nehmen, aber nicht mehr auf den Partner und seine Bedürfnisse einzugehen, nicht mehr zu geben. Dann sind Konflikte vorprogrammiert und die Partner leben sich auseinander.

Beziehungen sollten deshalb aktiv gestaltet werden. Das bedeutet jeden Tag, sich selbst, das eigene Verhalten zu reflektieren, sich mit dem Anderen, seinen Bedürfnissen und seinem Verhalten auseinanderzusetzen. Mit ihm zu kommunizieren, über das, was war, was ist und was sein soll. Damit sind nicht nur die großen Themen wie das neue Auto gemeint, sondern gerade die kleinen Themen des Alltags,

„Was soll ich Dir aus dem Supermarkt mitbringen?" oder „Ich habe Dein Fahrrad repariert!"

Immer wieder stehen Beziehungen vor Herausforderungen, die gemeinsam zu meistern sind. Solche Erfolge sind dann auch gemeinsam zu „feiern". Krisen sind zu bewältigen, was zusammenschweißt. Schöne Zeiten werden verbracht, an die die gemeinsame Erinnerung aufrechtzuerhalten ist. Glückliche Momente werden erlebt, die gemeinsam zu genießen sind.

Anlässlich solcher Ereignisse kann jeder Partner seine Stärken einbringen. Das befruchtet den Anderen. Zudem erfährt dieser dadurch Unterstützung und Schutz. Beide machen die Erfahrung: gemeinsam sind wir stärker. Diese Erfahrungen stiften Sinn für die Gemeinsamkeit, also dafür, das Leben gemeinsam zu verbringen. Die Frage nach dem Sinn unseres Lebens fürchten wir oft. Hier können wir sie beantworten, „Ja, es macht Sinn!"

Das klingt jetzt sehr pragmatisch. Doch eine von Liebe getragene partnerschaftliche Beziehung erfüllt auch ganz andere Bedürfnisse. Einsamkeit zum Beispiel ist ein Zustand, vor dem sich nicht wenige fürchten. Umso größer ist das Glück derjenigen, die einen Menschen bei sich wissen.

Die menschliche Seele ist der nicht körperliche Kern eines jeden Menschen, der sein Sein ausmacht. Hier bündeln sich sein Fühlen, Empfinden, Denken, seine Psyche. In den Gefühlen drückt sich seelisches Befinden aus. Jeder Mensch hat Gefühle. Wir können sie nicht wählen, aber wir können damit unterschiedlich umgehen. Wer sie nicht zulassen möchte, sich dauerhaft verschließt, schützt sich, aber verwelkt nach innen und versteinert nach außen. Deshalb wirken Politiker wie Sportler so unglaubwürdig, wenn sie nach Siegen wie Niederlagen mit steinerner Miene und immer gleichen Floskeln reagieren. Sie tragen als Vorbilder damit zu einer gefühlsärmeren Welt bei.

So, wie wir als Kinder unserer Mutter stolz das fertige Bild gezeigt haben oder uns bei ihr ausgeweint haben, wenn uns andere Kinder geärgert haben, brauchen wir auch als Erwachsene eine Bezugsperson für unsere Gefühle, um unsere Gefühle als Ausdruck der Seele offenbaren zu können. Wer sich öffnet, hebt Distanz auf, verschafft anderen unmittelbare Nähe zu sich selbst. Das birgt die Gefahr verletzt zu werden. Deshalb braucht diese Nähe sehr viel Vertrauen.

Wir brauchen die Anregung des Geistes, der Gedanken, Erfahrungen und Ideen, sie austauschen, teilen zu können. Zu wissen, jemand ist bei mir, dem ich mich mitteilen kann, der mich versteht, unterstützt, mir auch mal die Augen öffnet für einen anderen Blickwinkel. Der an meinem Leben teilnimmt, auch in den Bereichen, in denen er selbst nicht vorkommt, wie zum Beispiel dem Arbeitsplatz. Der hilft, Orientierung im Leben zu finden. Zwei, die eine solche geistige Basis gefunden haben, werden auch in der Lage sein, über die die eigene Beziehung ein gemeinsames Verständnis zu entwickeln.

Last but not least sind wir körperliche Wesen. Sinnliche Erfahrungen sind ein Grundbedürfnis, das wir regelmäßig und wesentlich nur mit und durch Andere, also in Abhängigkeit von ihnen, erfüllt bekommen können. Wir wollen wahrgenommen, gesehen, gehört, berührt werden. Wir wollen den Partner sehen, hören, riechen, berüh-

ren und schmecken. Das kann ganz unterschiedliche Bedürfnisse befriedigen. Es kann uns beruhigen, zu wissen, dass er da ist. Er kann
uns höchste erotische und sexuelle Lust bereiten. Das allein schon in
der Erwartung, im Begehren, lebt Sex doch viel von Phantasie und
Vorstellung.

Sex, getragen von tiefer Zuneigung und befriedigend in dem
Sinne, in dem er (von beiden) gewünscht wird, wirkt ausgleichend
und - körperlich wie seelisch- befriedigend. Das Hormon Östrogen
glättet die Haut, die Glücksstoffe Endorphine und Serotonin stärken
Seele und Selbstbewusstsein. Alle drei Stoffe werden beim Sex vermehrt produziert. Es gibt Menschen, die behaupten, Sex mache
schön.

Trotz all dieser Vorteile einer dauerhaften Partnerschaft trennen
sich viele Paare.

Den Alltag meistern

Der Übergang von der Phase der Verliebtheit in das „normale"
Leben erfolgt meist schleichend und unbewusst. Die eigene Gefühls-
aufwallung und das Bild des Anderen sind noch im Gedächtnis, aber
die Realität wird als eine andere wahrgenommen. Jetzt ist wichtig, zu
realisieren: nicht nur meine Erwartungen an den Anderen, gespeist
aus der Zeit der Verliebtheit, stimmen nicht mehr mit der Realität
überein; auch ich selbst werde dem Bild des Anderen, das er in der
Zeit der Verliebtheit von mir aufgebaut hat, sicherlich nicht mehr
gerecht. Die Erwartungen an den jeweils Anderen sind von beiden
Partnern an die Realität anzupassen.

Das bedeutet, weder auf alles von Wolke 7 verzichten zu müssen, noch sich alles bieten lassen zu müssen. Basis bleibt das gemeinsame Verständnis über die Partnerschaft. Diese bleibt aktiv zu gestalten. Sie erinnern sich: Beziehung ist Arbeit. Wertschätzung, Sicherheit, Aufmerksamkeit, Geborgenheit, die tiefe Nähe in Geist, Seele und Körper ist aufrechtzuerhalten, ausgedrückt in den täglichen kleinen und großen Gesten. Das Gemeinsame kann aktiv betrieben werden.

Zusammen Freunde treffen, sich über Literatur austauschen, Hobbys ausüben oder Neues wagen. Rituale finden, die beide positiv erleben wie den gemeinsamen Ausklang der Woche am Freitagabend, dabei gemütlich essen, Wein trinken und die Woche dem Anderen Revue passieren zu lassen. All das festigt den Zusammenhalt.

Menschen verändern sich und entwickeln sich weiter, aber nicht alle gleich schnell, in gleichem Maße und in dieselbe Richtung. Passiert das zwei Partnern, entsteht ein Riss in der Partnerschaft. Das Harmonische ist nicht mehr so gegeben, wie es einmal war. Verständnis für den Anderen, Resonanz an den Anderen bleiben aus. Gleichgültigkeit nimmt zu, tiefe Gefühle und sexuelles Begehren nehmen ab. Um dem vorzubeugen, ist so, wie sich jeder Partner weiterentwickelt, auch die Beziehung weiterzuentwickeln.

Man kann nicht erwarten, dass wenn früher zwei Kreise eine „8" ergeben haben jetzt ein großes „O" und ein kleines „o" immer noch eine „8" ergeben. Das Weiter kann nur gemeinsam entwickelt werden, basierend auf dem ursprünglich gemeinsamen Verständnis und zwischen Zulassen und Rücksichtnehmen ausbalanciert. Das gilt für alle Aspekte der Beziehung, ob Lebensumstände (Hauskauf oder Wohnung zur Miete?), Karriere (wer kümmert sich um die Kinder?)

oder Sex (Missionarsstellung forever oder Dessous und Spielzeug?).
Die Weiterentwicklung der Beziehung ist eine – positive – Spannung,
die sie ausmacht.

Es mag widersprüchlich klingen, doch so wichtig die eben betonte
Gemeinsamkeit ist, so wichtig sind die Freiräume für beide Partner.
Und das ist kein Widerspruch. So sehr ich meinen Partner und die
Partnerschaft schätze, so habe ich doch das Bedürfnis nach Freiheit,
meiner eigenen Welt, meinem eigenen Leben. Ich kann das Eine tun
ohne das Andere zu lassen. Und das sollte ich auch. Der Kit ist das
Vertrauen, es löst diesen scheinbaren Widerspruch auf.

Es ist mein Leben, das ich nicht aufgebe. Ich brauche den Rückzug, um mich mit mir selbst zu beschäftigen, um mich zu reflektieren,
Probleme zu analysieren, Erkenntnisse zu gewinnen oder mich zu
positionieren. Klammert der Partner, fordert er permanent „wir",
fehlt mir die Luft für mein „Ich".

Entsprechend sollten Partner dem Anderen Raum gewähren.
Dazu gehört vielleicht bei der einen oder anderen Gelegenheit Ver-
zicht. Toleranz ist in Partnerschaften ein wichtiges Gut. Das Hin und
Her zwischen „wir" und „ich" ist ein Wechselspiel. Es ist im Laufe
einer Beziehung, in unterschiedlichen Lebensphasen und bei veränderten Bedürfnissen immer wieder neu auszutarieren. Das ist ebenfalls eine – positive – Spannung, die eine Beziehung ausmacht.

Spannung ist das Gegenteil von Langeweile. Durch anhaltende
Langeweile wird man unausgeglichen und unzufrieden, sie bringt bad
vibrations. Wer gelangweilt ist, kommt nur auf dumme Gedanken.

Spannung fordert, weckt unsere Reize. Die richtige Dosis an Spannung, nicht zu lasch und nicht überspannt, hält eine Beziehung und die Partner straff.

Ein Beziehungskiller ist der Alltag. Aufstehen, Kinder für die Schule fertig machen, arbeiten, einkaufen, kochen, putzen, Rasen mähen, fernsehen, schlafen. Für Gefühle bleibt da nicht viel Zeit. Routine ist nicht sexy. Eigenarten und Gewohnheiten schleichen sich ein und prägen sich aus. Erst wundert sich der Andere, dann scheint es zu spät, noch etwas dazu zu sagen. Ändert ja doch nichts.

Meine Frau sagt immer „Alles zu seiner Zeit". Das gilt für die großen Abschnitte wie Familiengründung, Hausbau, Kinder, Karriere, aber auch für die kleinen Dinge des Alltags, die zu bewältigen sind. Die Gewichte verlagern sich, in einigen Phasen braucht es eine gewisse Demut und Geduld, aber immer sollten der Anspruch und die Zeit da sein, sich Momente der glücklichen Zweisamkeit zu bereiten.

Kleine, dauernd wiederkehrende Nebenkriegsschauplätze sollten keine zusätzlichen Belastungen bringen, nicht größer werden, als sie sind, sondern geregelt werden. Wer macht was im Haushalt, wer arbeitet wie viel, was machen wir mit dem Geld, welche Erwartungen haben wir an den Anderen und ähnliche Fragen sollten geklärt sein.

Wann, wo, wie oft und wie gibt es Sex sind vor allem dann Fragen, wenn Kinder da sind, die Zeit und Kraft kosten, oder wenn das Verlangen danach bei den Partnern im Laufe der Beziehung auseinanderdriftet. Manchmal lohnt es sich, einzelne Themen schriftlich festzuhalten. Ein „Sextagebuch" lügt nicht.

Beziehungskiller

Sollte es zu Streit kommen, gibt es zwei entscheidende Grundlagen damit umzugehen, Kommunikation und Konfliktfähigkeit.

Miteinander sprechen, sprechen, sprechen. Nicht endlos, aber darüber, was einen bewegt, was stört, aber auch, was gut war, was man sich wünscht. Das sind kleine Bemerkungen nebenbei bis hin zu gezielten Gesprächen mit Zeit und Ruhe.

Kommunizieren können wir zudem durch unseren Körper. Kleine Gesten, eine kurze Mimik können viel ausdrücken. Kommunizieren können wir auch durch unser Handeln. Nicht nur der berühmte Blumenstrauß oder der rausgebrachte Müll drücken Aufmerksamkeit und Achtsamkeit aus.

Kommt es zu Konflikten, sollte man gut streiten können. Klingt merkwürdig, ist aber wichtig. Wenn der Eine sprechen möchte, der Andere sich aber verweigert, werden Konflikte nicht gelöst. Wenn beide schreien auch nicht. Wir sind oft gefangen in den Mechanismen, die wir von zu Hause mit ins Leben genommen haben. Doch der Umgang gerade in solchen Situationen sollte nach wie vor von Respekt und Liebe getragen sein.

Keine unsachliche Kritik. Keine Verallgemeinerungen wie „Du machst nie..." oder „Du bist immer...", das setzt den Anderen ungerechtfertigt herab. Kein alleiniges Verharren in Rechtfertigungen als Verteidigung, das ist rückwärtsgewandt, aber nicht lösungsorientiert. Keine abwertenden, gar verachtenden Bemerkungen oder Sarkasmus, das ist respektlos. Keine Demütigungen, die verletzen. Keine

Verweigerung des Gesprächs, das ist ignorant – dem Anderen wird das Thema wichtig sein, sonst würde er es nicht ansprechen – und macht eine gemeinsame Lösung unmöglich.

Gerade jetzt geht es nicht darum, sich abzugrenzen, Distanz zu schaffen, den Anderen herabzuwürdigen, sondern nach wie vor die vorhandene Nähe zu zeigen. Verständnis zeigen, beruhigen, Kompromisse aufzeigen, nach vorne sehen. Deutlich machen, den Partner verstehen zu wollen. Die Situation mit Humor lockern, sich umarmen. Die Versöhnung ist der schöne Teil des Streits. Und das Ergebnis? Ist es wirklich immer wichtig, Recht zu haben, sich durchzusetzen? Entscheidend bleiben doch gestern, heute und morgen.

Die Alternative zu dieser aktiven Auseinandersetzung mit dem Partner ist, all das nicht zu tun. Das würde bedeuten, das Miteinander aufzugeben, sich zurückzuziehen. Am Ende bleibt kein Miteinander, sondern ein Nebeneinander. Eine innere Trennung, der die äußere folgen kann, vielleicht sollte.

Übrigens hat nie jemand behauptet, das Leben oder Beziehungen seien Schönwetterveranstaltungen. Polarität ist allgegenwärtig, Leben und Tod, Freud und Leid, Sieg und Niederlage. So wenig das Leben linear nach oben verläuft, so wenig tun es Beziehungen. Ärger, Streit und Schmerz sind eingepreist. Sie zu überwinden, macht den Wert einer Beziehung aus.

Ein weiterer Beziehungskiller ist der Machtfaktor. Meist eher unbewusst wählen sich starke Menschen oft eher schwache Partner, um ihre Stärke leben zu können. Und umgekehrt, schwache Menschen wählen starke Partner, die ihnen Halt und Orientierung geben. Das ist ein einfaches Schema, die Realität sieht meist vertrackter aus.

Ist jemand, der seine vermeintliche Stärke an einem eher schwachen Menschen beweisen muss, wirklich stark, oder ist er der Schwache, der seine Schwäche durch die Dominanz über den Partner zu kaschieren versucht? Ist ein vermeintlich schwacher Mensch wirklich schwach, oder hat er ein hartes Schicksal hinter sich, Talente, die aus welchen Gründen auch immer nicht zum Tragen kommen, oder Stärken, die in der Gesellschaft nicht als solche gesehen werden? Legt sich der Partner aus Bequemlichkeit in die Hängematte oder reizt er den Anderen aus niederen Motiven? Die Wege der menschlichen Psyche sind oft nicht auf den ersten Blick zu erkennen.

Den Partner psychisch zu dominieren, bewusst materiell abhängig zu halten, körperlich zu unterwerfen hat nichts mit Liebe zu tun. Werden Grenzen überschritten leidet der Andere, kann nicht nur Trennung, sondern können auch Taten aus Verzweiflung die Folge sein. Liebe muss keine altruistische sein, eine Beziehung muss nicht akribisch ausgeglichen sein. Liebe und Beziehung kann Dominanz beinhalten, Sex kann Unterwerfung enthalten. Aber Liebe durch Macht ausdrücken zu wollen, kann nicht im Sinne der Liebe sein. Macht und deren Ausdruck kann nur auf Basis von Vertrauen und echtem beiderseitigen Einverständnis ausgeübt werden. Behandele den Anderen so, wie du erwarten würdest, von ihm behandelt zu werden.

Das Motiv Macht lässt Menschen manchmal seltsame Weg gehen. Als Lennon vorhatte, die Beatles aufzulösen, aber McCartney als erster öffentlich das Ende der Beatles erklärte, hat Lennon ihm das –

wahrscheinlich bis an sein Lebensende – übelgenommen, war es doch „seine" Band und wollte er doch das Ende verkünden. Es war eine Frage der Macht in ihrer Beziehung, wer wem zuvorkam.

Auch in partnerschaftlichen Beziehungen verkraften verlassene Partner oft nicht die Entscheidung des Anderen, sich zu trennen, obwohl auch sie innerlich schon lange die Trennung sehen, aber zu dem Schritt selbst noch nicht fähig waren. Sie sind plötzlich nicht mehr die Machtausübenden, der Andere ist ihnen zuvorgekommen.

Partner, die eine Beziehung beendet haben, grämen sich, dass der verlassene Partner eine neue Beziehung hat. Sie haben keinen Machteinfluss mehr auf ihn.

Männer töten Frauen, die sie verlassen wollten, um Macht über sie auszuüben und die Frauen im Tod bei sich zu behalten.

Man muss sich schon sehr genau kennen, um seine Motive für die Ausgestaltung seiner Beziehungen zu kennen. Stellt man selbst fest, hier ein Thema zu haben, wird man vom Partner auf Besonderheiten aufmerksam gemacht oder äußert sich das eigene Verhalten auffällig in der Beziehung, kann es hilfreich sein, sich in professionelle Beratung zu begeben.

Dauerthemen

Und dann gibt es noch zwei Dauerbrenner in Beziehungen, jedenfalls in heterogenen. Ja, Frauen und Männer sind anders. Dies gesagt und akzeptiert kann viel Sprengstoff aus Beziehungen nehmen.

Frauen sind in der Regel beziehungsfähiger. Sie haben die Gabe, leiseste Gefühlsregungen und kleinste körperliche Ausdrucksweisen Anderer zu spüren. Sie gehen mit sich wie mit ihren Beziehungen eher kritisch um. Über ihre Beziehungen sprechen sie - in allen Details - mit Freundinnen, und sie würden das auch gerne mit dem Partner tun. Hilft das nicht, suchen sie Hilfe. 75 Prozent aller Paartherapien werden von Frauen initiiert. Im Vordergrund steht, die Beziehung zu retten. Andererseits: haben sie Anlass, suchen meist sie das klärende Gespräch – und trennen sich notfalls. Frauen können konsequent sein. Sie können auch gut ohne Männer auskommen.

Männer sind meist weniger aufmerksam. Sie sehen ihre eigenen Interessen und wollen sie durchsetzen. Sie sehen ihre Defizite im Beziehungsverhalten nicht oder akzeptieren sie. Sie sind eher abhängig von ihrer Beziehung. Haben sie keine Partnerin, wohnen sie notfalls noch mit 40 Jahren bei Mama. Sie sprechen traditionell eher wenig über Gefühle, Probleme und die Partnerschaft an sich.

Insgesamt ist aber festzustellen, dass Männer heute offener über Partnerschaften und Beziehungsprobleme sprechen als früher. Die Rolle von, die Ansprüche an und das Selbstverständnis der Männer haben sich stark gewandelt. Junge Männer möchten nicht als verschlossen und beziehungsunfähig dastehen. Sie bringen sich ein, nehmen zum Beispiel Erziehungsurlaub.

Männer sind meist zufrieden, wenn sie regelmäßig Sex bekommen. Sie sind funktionsorientiert. Ihr Orgasmus ist Pflicht.

Frauen suchen die Befriedigung nicht nur des Körpers, sondern auch von Geist und Seele. Sie sind emotionsorientiert. Sex und Orgasmus ist nicht alles, emotionale Intimität dagegen viel.

Männer sind eher unzufrieden, wenn es nicht mehr so ganz läuft, wie sie es sich wünschen. Sie leben eher im Hier und Jetzt. Was war, ist lediglich Vergangenheit. Frauen können eher Bescheidenheit und Toleranz walten lassen. Sie stecken eher zurück nach dem Motto „Wir vor ich". Sie gleichen aus. Sie sehen den Wert der Beziehung als Ganzes. Auch wenn diese für sie mal nicht so gut läuft, geben sie nicht gleich auf. Das, was war, hat für sie immer noch Bedeutung und ist des Bewahrens wert.

Das zweite Dauerthema ist die Treue. Untersuchungen haben ergeben, dass es trotz allgegenwärtigem Sex, schnellerer Trennungsbereitschaft und Seitensprungagenturen heute keine größere Toleranz für Seitensprünge gibt als früher. Treue bleibt die Nummer 1 auf der Rangliste der Merkmale, nach denen Partner die Qualität ihrer Beziehung bewerten.

Treue bezeichnet, die Beständigkeit einer Beziehung nicht um des eigenen Vorteils wegen aufzugeben und das Vertrauen des Anderen darauf. Doch welche Treue ist gemeint? Die seelische, also die Gefühle füreinander? Die geistige, also der Blick auf sich und die Welt? Die körperliche, also sexuelle? Bedingt Liebe Treue? Steht die Treue über der Liebe oder die Liebe über der Treue? Darf ich wegen der Treue nur einen Menschen lieben, zur gleichen Zeit oder mein Leben lang?

Treue ist geprägt von kulturellen Vorstellungen. Unsere Gesellschaft missbilligt Untreue, jedenfalls offiziell. Daneben hat jeder seine individuelle Vorstellung von Treue, nicht selten differenziert. Der Seitensprung oder die Inanspruchnahme der Dienstleistung einer Prostituierten begründet einen Bruch der körperlichen Treue. Doch ist damit ein Bruch der Treue im Seelischen und Geistigen verbunden?

Die Aussage des Mannes zu seiner Frau „Aber ich liebe Dich doch!" wirkt nach einem körperlichen Treuebruch wie blanker Hohn. Es muss aber keine Lüge sein, vielmehr kann er eine individuelle Idee von Treue ausdrücken, mit dem Schwerpunkt auf der psychischen Ebene. Sex hat für viele Männer - und Frauen - nicht den Stellenwert wie die Liebe. Eine solche Einstellung kann, muss aber nicht die Erwartungen des Partners an Treue und Liebe treffen. Eine solche Asymmetrie in Werte und Verhalten dürfte für die Beziehung nicht unerheblich sein.

Die Monogamie ist eine gesellschaftliche Erfindung. Sie mag früher Schutz vor Seuchen geboten haben, der christlichen Kirche als gutes moralisches Zuchtinstrument gedient haben und heute Basis für ein vom Staat gewolltes Rechtssystem sein. Doch Menschen sind nicht beschränkt, zu einer Zeit nur einen anderen Menschen lieben zu können. Liebe kennt kein beschränktes Quantum. Ein Dilemma, das jeder für sich und jedes Paar gemeinsam zu regeln hat.

Die Verlockungen auf Abwechslung sind heute so vielfältig wie nie. Das Internet ermöglicht uns, Menschen auf der ganzen Welt kennenzulernen. Ob Partnerwahl, Partnerankauf, Sex for free oder gegen

Bezahlung – alles geht. Hemmschwellen sind bis zur Nullmarke gesunken.

Wenn der Trennungsgrund Nummer 1, die Kinder, da sind, der Alltag das Leben öde macht oder der Mann es nicht verkraftet, nur noch in zweiter oder dritter Reihe zu sein, ist die Verlockung groß. Doch das Dilemma ist, je größer die Wahl, je größer die Qual. Wählen überfordert oft. Es treibt uns die Befürchtung um, hinter der nächsten Ecke eine noch bessere Möglichkeit zu finden. So entwickelt sich partnerschaftliche Ruhelosigkeit.

Aber Beziehungs-hopping macht unglücklich, Bindung macht glücklich. Schon so manche Chefs mussten diese Erfahrung machen. Die 30 Jahre jüngere Sekretärin ist knackiger als die sitzen gelassene Ehefrau, aber ihr junger Lebenswandel wird immer anstrengender. Die seelische und geistige Distanz aufgrund unterschiedlicher Lebensphasen und Erfahrungsschätze ist groß und die Bindung zur „alten" Familie stärker als gedacht. Es gilt nicht nur „Prüfe, wer sich ewig bindet", sondern auch „Prüfe, wer eine tiefe Bindung löst".

Die partnerschaftliche Liebe in den Phasen der Jahreszeiten:

- Frühling: Gefühle brechen aus, Schmetterlinge im Bauch, die Verliebtheit ist da
- Sommer: die heiße Phase, die Liebe blüht und gedeiht, die Zeit des ersten Liebesrausches
- Herbst: Zärtlichkeiten, liebevolle Gesten werden weniger, Alltag kehrt ein
- Winter: nebeneinander, nicht miteinander leben. Routine dominiert, „Eiszeit" droht

Die Phasen können unterschiedlich lang sein, sie können sich auch - wie die Jahre - wiederholen.

9 Sex

Sex war die längste Zeit der Menschheit ein Tabu-Thema. Vor allem die Kirchen haben dazu beigetragen, dass wir mit allem Fleischlichen, der Lust und Sexualität gefremdelt haben. Das war Sünde. Diese Einstellung hat zur Spaltung von Leib und Seele, Sexualität und Liebe geführt bis hin zu dem „Ideal", die reine Liebe ohne Sexualität sei die höhere Form der Liebe. Das bedeutete, alles Körperliche abzuwerten, und führte zu Tabus wie Nacktheit, Begehren, Sinnesfreuden oder Selbstbefriedigung.

Die Folge ist eine Moral, die sich tugendhaft gibt, in Wirklichkeit aber verlogen und triebfeindlich ist und bei vielen Schuldgefühle und Ängste auslöst. Wie verlogen vor allem die katholische Kirche agiert, zeigen die massenhaften Vorwürfe von sexuellem Missbrauch gegen ihre Kleriker.

Erst die Sexwelle in den sechziger Jahren hat das Thema Sexualität in die breite Öffentlichkeit gebracht. Aufklärung einerseits und die Pille andererseits haben Ängste vor Sex abgebaut. Das Aufbrechen des Tabus Sexualität und die Entwicklung in den letzten Jahrzehnten, die Selbstverständlichkeit von Sex im Leben des Einzelnen, die zunehmende Akzeptanz von sexuellen Ausrichtungen wie Homosexualität, haben viele Menschen ein Stück freier gemacht.

Heute ist Sex überall. Das Thema scheint noch omnipräsenter zu sein als die Liebe. Sex sells! Es gibt kaum eine Werbung, in der Sex nicht zumindest unterschwellig transportiert wird. Zeitschriften, Kino, Fernsehen, kostenlose Pornographie im Internet, unsere Medien sind voll von Sex. Oder Erotik, wie der Sex heute in der Öffentlichkeit meist neudeutsch genannt wird.

Und das Thema Sex ist bei den Menschen angekommen. Frauen wie mittlerweile auch Männer versuchen mit allen Mitteln, ihre körperliche Attraktivität zu erhöhen. Die Märkte mit Wellness, Beauty und Schönheitsoperationen boomen. In Büros sehe ich kurze Röcke, weite Ausschnitte und High Heels, die vor 20 Jahren nur auf der Reeperbahn zu kaufen und zu tragen waren. Ich frage mich, ob ich es noch erlebe, dass Frauen in Bikinis zur Arbeit ins Büro kommen.

Für Kontaktbörsen und Seitensprünge gibt es Dienstleister, die ganz offen werben. Nach Umfragen sollen in Deutschland 43 Prozent aller Frauen und 46 Prozent aller Männer fremd gehen. Es dürfte sich in den seltensten Fällen um Liebe handeln. Dabei sind das Bedürfnis und die Suche nach Sex und Abenteuer sicherlich nicht per se verwerflich. Wer in einer festen Partnerschaft lebt, muss das mit sich und gegenüber seinem Partner vereinbaren, egal, ob der Partner es weiß oder nicht. Die Kränkungen durch Seitensprünge sind nicht zu unterschätzen. Noch ist bei den meisten Menschen Sex „der" Ausdruck von Liebe und damit Sex mit Anderen Betrug.

Es ist hip, sich im Rotlicht-Milieu zu amüsieren, zumindest in Hamburg auf St. Pauli. Und die Prostitution boomt. Zwischen 400.000 und 1.000.000 Prostituierte soll es nach Schätzungen in Deutschland geben. Rund 1.200.000 Männer sollen täglich die Dienstleistungen von Prostituierten in Anspruch nehmen. Es gibt im Ausland Veranstalter, die Sexreisen nach Deutschland organisieren.

Deutschland wird in anderen europäischen Ländern das Bordell Europas genannt.

Das liegt am im Jahr 2002 eingeführten Prostitutionsgesetz, das die Prostitution legalisierte und den Schutz der Prostituierten zum Zweck hatte. Angesichts des boomenden Marktes sind sich viele Experten aus Polizei, Sozialarbeitern und Psychologen, die sich mit der Prostitution und Prostituierten beschäftigen, einig, dass das Gegenteil der Fall ist. Da half auch die Reform im Jahr 2017 nicht, die unter anderem Anmeldungen („Hurenpass") und ärztliche Untersuchungen von Prostituierten sowie die Kondompflicht vorschreibt. Die Bundesregierungen haben es mit ihren Gesetzen sicherlich gut gemeint, in ihrer Naivität aber die Skrupellosigkeit im und die Regeln des Milieus völlig unterschätzt. Da Politiker keine Fehler machen, traut sich jetzt wohl niemand, genau die einzugestehen und eine Kehrtwende zu machen.

Über 70 Prozent aller Prostituierten sollen aus dem Ausland, vor allem aus Osteuropa kommen. Davon sollen 90 Prozent nicht freiwillig in der Prostitution arbeiten, sondern dazu gezwungen werden. Psychische und physische Misshandlungen, Erpressungen und Ausbeutungen sind tägliche Realität. Die Preise sinken und die Freier fordern immer extremere Dienstleistungen. Untersuchungen haben ergeben, dass Prostituierte regelmäßig schwer traumatisiert sind. Nicht selten ertragen sie ihr Dasein nur mit Drogen. Andere Frauen wiederum geraten wegen ihrer Drogenabhängigkeit in die Prostitution.

Kritiker fordern die Einführung des „Nordischen Modells", das aus Schweden kommt und zwischenzeitlich von weiteren nordeuropäischen Staaten eingeführt worden ist. Es verbietet die Prostitution und sieht Strafen für Freier bei Inanspruchnahme von Dienstleistungen von Prostituierten vor. Es hat in den Ländern starke Rückgänge von Prostitution, Menschenhandel und Zwangsprostitution bewirkt. Weshalb das Modell nicht von Deutschland übernommen wird, versteht kaum jemand. Vielleicht liegt es daran, dass die Prostituierten alleine der Stadt Berlin Steuereinnahmen von € 14.000.000 pro Jahr einbringen sollen...

Sex geht auch ohne menschlichen Partner. Früher gab es Pornos per Magazin und Video. Heute ist das Internet allgegenwärtig. Mit nur wenigen Klicks gibt es Bild und Ton, nicht selten for free. Die Industrie arbeitet an der virtuellen Realität. Eine Brille soll uns in eine Umgebung und Situation versetzen, die uns so real wie möglich erscheint. Für € 6.000 kann Mann eine Silikonpuppe kaufen, die er nach seinen Vorlieben konfiguriert hat. Der Hersteller Abyss Creations verkauft davon 300 Stück pro Jahr – Tendenz steigend. Wer nicht gleich kaufen möchte, kann in ein Puppenbordell gehen. Der Hersteller verspricht uns für die Zukunft Sex-Roboter, die dem perfekten (Sex-)Partner nahekommen.

Eine soziale Beziehung ersetzen diese „Partner" nicht. Sie bleiben nur Objekte, die nichts fühlen. So sind deren Käufer auch Männer, die Frauen nicht kennenzulernen vermögen. Puppen dürften sie nicht aus ihrer Isolation holen, sondern weiter rein treiben. Sie haben zwar eine kurzfristige körperliche Lösung, die aber keine Empathie lehrt, keine Freude am Miteinander mit einem anderen Menschen bringt, die keine Sozialkontakte ersetzt und keine allumfassende Sinnesreizungen erzeugt, die für uns so wichtig sind.

Für Christa Roth-Sackenheim, Vorstandsmitglied der Deutschen Gesellschaft für Psychiatrie, Psychotherapie, Psychosomatik und Nervenheilkunde ist „Körperkontakt etwas, das ganz lebensnotwendig und – ich würde fast sagen – in unserer DNA festgelegt ist". Wichtig ist, dass Berührungen positiv wahrgenommen werden. Dann beeinflussen sie den Rhythmus des Herzens, nämlich beruhigend. Sie führen dazu, dass Botenstoffe wie Dopamin und Oxytocin ausgeschüttet werden, die unser Wohlbefinden steigern. Sie reduzieren die Aktivitäten unseres Stress-Systems und reduzieren das Risiko, Herz-Kreislauf-Erkrankungen oder chronische Schmerzen zu bekommen.

Auch bei Tieren dienen positive Berührungen nicht nur der Hygiene, zum Beispiel der Fellpflege, sondern der sozialen Stabilität und offensichtlich dem Wohlbefinden, da sie die „Freundschaften" bestätigen und Stress reduzieren.

Puppen kann man nicht riechen, es gibt keinen Augenkontakt und keine Gespräche, sie bieten keine sozialen Kontakte. Doch genau die brauchen wir. „Die Zusammenhänge zwischen sozialem Kontakt und der Gesundheit sind wirklich sehr gut untersucht" sagt Karl-Ludwig Ladwig, Professor für psychosomatische Medizin am Klinikum rechts der Isar der TU München, dem Hamburger Abendblatt. „Kuscheln und Umarmungen halten und machen gesund. Wir sind soziale Wesen, das können wir einfach nicht leugnen."

Sex kann sich in Fetischismus ausdrücken, bei dem Personen sexuelle Befriedung allein durch das Vorhandensein bestimmter Sachen oder Abläufe bekommen.

Das Verlangen nach sexueller Befriedigung kann so gesteigert sein, dass es das ganze Leben bestimmt und beeinträchtigt. Die Weltgesundheitsorganisation hat sich deshalb dafür ausgesprochen, zwanghaftes Sexualverhalten als eine psychische Störung anzuerkennen. Dem hat sich Deutschland angeschlossen. Weniger als 5 Prozent der Menschen in Deutschland sollen ein gesteigertes sexuelles Verlangen haben. Doch „Sexsucht" als Krankheit anzuerkennen ist umstritten. Damit könne normales sexuelles Verhalten als Krankheit stigmatisiert werden und die Ursachen für ein solches Verhalten lägen oft ganz woanders, zum Beispiel in Depressionen oder Angststörungen.

Und was hat das mit Liebe zu tun?

Nichts!

Damit ist die Frage beantwortet, ob die psychische, seelische Liebe und der körperliche Sex unabhängig voneinander zu betrachten sind. Sie sind es. Unsere Gefühle, die Liebesfähigkeit eingeschlossen, entwickeln wir bereits als Kinder. Die Sexualität und das damit verbundene Lustempfinden kommen erst später mit der Pubertät dazu. Sex ist das eine, Liebe ist etwas ganz anderes.

Sex ohne Liebe geht, siehe oben. Auch bei so manchem Seitensprung oder in Affären geht es nicht gleich um Liebe. Solch Sex mag kurzfristige Befriedigung der sexuellen Bedürfnisse bieten. Aber dieser Sex löst nicht das Gefühl aus wie Sex mit einem Partner, den Mann oder Frau liebt. Was vielmehr bleibt nach Sex ohne Liebe ist meist eine seelische Leere. Sex kann aufgrund von Liebe oder zumindest Verliebtheit folgen, Liebe aufgrund von Sex kaum. Liebe ist nicht das Ergebnis sexueller Befriedigung, aber tiefe sexuelle Befriedigung kann die Folge von Liebe sein.

Sex gehört zu den intimsten Erfahrungen von Menschen. Regelmäßig teilen sie diese Erfahrungen mit anderen, ihren (Sex-)Partnern. Haut spüren, Atem hören, Herzschlag fühlen, Schweiß und Anderes schmecken. Sinnliches Erlebnis, Leidenschaft und Innigkeit schaffen Wohlbefinden, Zuneigung und Vertrauen, stärken Beziehung und Bindung.

Nach Sex werden im Körper hormonelle Substanzen ausgeschüttet, Prolaktin bringt Behaglichkeit, Oxytocin stimmt uns sanft und vertrauensvoll. Sexuelle Befriedigung ist Balsam für die Seele des Menschen. Spannungen, Stress und Ängste werden abgebaut beziehungsweise kommen gar nicht erst hoch, was zu mehr Ausgeglichenheit führt. Sie bereitet Glücksmomente, was zu einer positiveren Wahrnehmung des eigenen Lebens führt. Sie steigert insgesamt das Wohlbefinden.

In der eigenen Welt läuft Sex oft weniger glamourös als in der medialen Glitzerwelt. Umfragen, nach denen die Deutschen zweimal pro Woche Sex haben, sind mit Vorsicht zu genießen, da jeder seine Welt schönt. Und ein Durchschnitt sagt wenig über die konkrete Welt eines Einzelnen aus. Aber immerhin, seit „Fifty Shades of Grey" - die Bücher sind mehr als 100 Millionen Mal verkauft worden - ist das Interesse an Variationen von Sex dramatisch gestiegen. Die Verkäufe von Sex Toys sind nach oben geschnellt. Heute sollen mehr als 30 Prozent aller Paare Erfahrungen mit Fesselspielen haben. Sexuelle Techniken und Hilfsmittel zur Steigerung der Lust sind im Kommen.

Männer sind Schnellstarter. Oft genügt nur ein Reiz, um sie in Stimmung zu bringen. Sie kommen regelmäßig nach wenigen Minuten zum Orgasmus. Vor allem Männer haben oft einen gewissen Sexualtrieb, der sie fordert und zu psychischen Problemen wie Unausgeglichenheit und Frustrationen führen kann, wenn er nicht befriedigt wird. Bei Männern sind Erektionsstörungen, vorzeitige Ejakulationen und Ängste bis Panik, die Erektionsfähigkeit zu verlieren, nicht selten. Das nagt am Selbstbewusstsein und kann zu Depressionen führen.

Frauen brauchen Zeit. Eine Berührung, ein Kuss bedeutet nicht gleich „Ich will Geschlechtsverkehr". Frauen brauchen eine entspannte Atmosphäre und eine eigene, innere Entspannung, um sich - für sich - auf Sex einlassen zu können. Bei Frauen entsteht Erregung über Emotionalität, nicht über die bloße Reibung beim Akt. Frauen denken in Bildern und Filmen. Sie können ihren Orgasmus gut hinauszögern.

Frauen hadern oft mit ihrem Körper und ihrer Figur. Ich kenne keine Frau, die mit ihren Brüsten zufrieden ist. Sie sind zu groß, klein, rund, spitz, hängend oder, oder, oder. Wenn man Therapeuten glauben darf, kennen auch heute noch viele Frauen ihren Körper nicht, können ihn nicht ansehen oder berühren. Das führt zu Unsicherheiten und Komplexen, nicht gut genug zu sein.

Ängste bedeuten Anspannung. Die ist beim Sex kontraproduktiv, denn nur aus Entspannung kann Erregung entstehen. Unsicherheiten, Nichtwissen um den eigenen Körper, die eigenen sexuellen Bedürfnisse nicht kennen, sie aus Scham nicht eingestehen und zulassen wollen, bringt keinen seelisch erfüllten und befriedigenden Sex.

Doch die Lust auf und im Sex kann man lernen. Allein in Hamburg gibt es rund 140 psychotherapeutische Praxen, die sich mit dem Thema Sexualität befassen. Sich Rat zu holen, ist gut, weil es bedeutet, dass diese Menschen gemerkt haben, dass sie etwas beeinträchtigt. Sie werden aktiv, wollen sich verändern und in sich und ihre Beziehung investieren.

Sexualität hat viel mit Erfahrung und Wissen zu tun. Wie habe ich Sex kennengelernt, was habe ich über Sex gelernt, welchen Sex haben mir Partner nahegebracht, was habe ich ausprobiert?

Was weiß ich über die unterschiedlichen Bedürfnisse von Frau und Mann? Aber vor allem, welche eigenen Bedürfnisse habe ich, welche Bedürfnisse entwickeln sich, wie verschaffe ich mir in einer Beziehung die Erfüllung dieser Bedürfnisse?

All dieses Wissen hilft, die sexuelle Lust zu steigern und erfüllend zu befriedigen. Wie bei der Liebe ist es ein lebenslanges Lernen. Sexualität ist nicht starr, sondern befindet sich in einem stetigen Fluss. Sie entwickelt sich weiter. So ist der Sex mit 18, mit 35 oder mit 50 Jahren jeweils ein anderer. Keiner muss denken, Sex werde und müsse so bleiben wie am Anfang. Seine Veränderungen sind Ausdruck von Lebenserfahrung, Reife und Lebensfreude.

Heutige junge Generationen nehmen Sex zunächst als Medienkonsumenten wahr. Im Fernsehen und im Internet sehen sie mehr und verschiedenartigeren Sex, als frühere Generationen wahrscheinlich je selbst gehabt haben. Damit gehen sie nicht einmal ihren ersten Flirt in aller Unschuld an. Das Kino im Kopf ist – oft im wahrsten

Sinne des Wortes – schon da. Ihnen ist damit die Möglichkeit genommen, dieses spannende Neuland selbst und auf ihre Art und Weise zu entdecken.

Die Präsenz von Sex in den Medien kann einerseits befreiend wirken, weil das Normalität signalisiert, sie erhöht aber andererseits den Druck. Es genauso erleben zu wollen oder zu „müssen", wie es gesehen wurde. So wenig real die Glitzermedienwelt auch sein mag. Das kann einengen, lähmen, überfordern. Es ist daher ein Trugschluss zu meinen, die heutigen Teenager hätten mehr und besseren Sex als frühere junge Generationen. Junge Menschen heute sind eher oversexed und underfucked. Das führt eher zu Frustration als zu Befriedigung.

Sex in einer Beziehung ist sehr abhängig vom Partner. Wer ist initiativ, wer verführt wen, wer ist aktiv, wer spielt welche Rolle, wer hat welche Bedürfnisse, was wird Neues ausprobiert, welche Techniken und Hilfsmittel werden angewandt, wie oft gibt es Sex? Die Frage, wer mehr Sex will, Männer oder Frauen, scheint übrigens ausgeglichen.

Es hat sehr viel mit Vertrauen und Vertrautheit zu tun, Wünsche zu artikulieren und umzusetzen. Doch gerade das Neue, das vermeintlich „Verbotene", die Verruchtheit feuert die Lust an, zumindest die des Mannes. Auch das sind Gründe, weshalb es Männer zu Prostituierten zieht, sei es real, sei es in ihren Traumwelten.

Die Frage, wer öfter fremd geht, Männer oder Frauen, scheint übrigens auch ausgeglichen. Umfragen sind hier mit Vorsicht zu genießen, da vor allem Männer übertriebene Angaben machen, die doch sehr von ihrer Realität abweichen.

Frauen wie Männer sollen im Durchschnitt etwa 10 verschiedene Sexpartner in ihrem Leben haben. Das dürfte konkret von einem Partner bis X Partner variieren.

Sex in Beziehungen wird stark von externen Umständen beeinflusst wie Stress bei der Arbeit, Kinder, beengte Wohnverhältnisse, Stress in der Beziehung, aber auch von den monatlichen Hormonzyklen der Frauen und den Wechseljahren. Alltag, Routine und Gewohnheiten, auch im Sex, lassen Sex erlahmen. Umso wichtiger ist es, den Bedürfnissen beim Sex im Alltag sowie in gezielten Nächten ihren Platz zu geben.

Oft wird behauptet, im Sex drücke sich aus, wer die Macht in einer Beziehung habe. Richtig ist, im Sex selbst gibt es oft eine ungleiche Verteilung der Macht beider Partner. Das kann bedeuten, einer ist eher aktiv, der Andere lässt sich eher verwöhnen. Es kann dazu führen, einer ist dominant, der Andere ist sich fügend. Das kann sich in Fesseln, Schlägen oder sonstigen Erniedrigungen ausdrücken, Stichwort Domina für Männer. Andererseits gibt es Männer, die im Sex Stärke demonstrieren wollen.

Auch Frauen haben hinsichtlich ihrer Macht-Rolle beim Sex unterschiedliche Bedürfnisse. Zurücksteckend, wie sie oft sind, artikulieren sie diese meist nur weniger ausgeprägt als Männer. Sie fordern subtiler.

Die Machtverteilung muss nicht bei jedem Sex gleich sein. Je nach Situation, Bedürfnis und Absprache können sie wechseln. Das bietet oft zusätzliche Reize.

Die Machtverhältnisse im Bett und ihre konkrete Umsetzung sollten immer im gegenseitigen Einverständnis erfolgen. Es sind immer Rollen. Rollen, die nur einem Zweck dienen sollen, gutem Sex in einer guten Beziehung. Über die Macht in der Beziehung sagt Sex wenig aus. Wenn doch, dürfte zumindest für einen Partner Anlass bestehen, die Beziehung zu überdenken.

Wer heute keinen Sex hat, ist Opfer, ist offensichtlich nicht begehrenswert. Wer Sex hat, muss all die Möglichkeiten ausprobieren, die uns in Werbung und Filmen aufgezeigt werden, sonst ist man nicht mehr up to date. Sex läuft Gefahr, nur noch der Erfüllung eigener Ansprüche, der Realisierung der Vorstellung des eigenen Seins zu dienen, die sich wiederum nur an den äußeren Einflüssen orientiert. Damit wird Sex zunehmend anonym, die Partner austauschbar, zum Sexualobjekt. Sex wird zur Konsumware. Konsum befriedigt aber nur kurzfristig. Auf Dauer bringt Konsum Unzufriedenheit, weil er nach immer mehr, immer schneller, immer anspruchsvoller verlangt. Was bleibt, ist eine unerfüllte seelische Leere.

Sexuelle Techniken und Hilfsmittel, Puppen oder virtueller Sex, One-Night-Stands und Prostituierte können kurzfristig die Lust steigern oder überhaupt eine Lusterfüllung bieten. Aber wenn es kein Riechen und Schmecken, kein Fühlen und keinen Hautkontakt, keine Spontanität und Überraschungen gibt, keine echte Beziehung und die damit verbundene Auseinandersetzung mit einem anderen Menschen, dann fehlt etwas Elementares.

Kommt jedoch zum Sex die Liebe zum Partner hinzu, bekommt der Sex eine andere Qualität. Es geht nicht mehr nur um mich, sondern um uns. Liebe verstärkt das sexuelle Gefühl ungemein. Sie erhöht die Erregung und Befriedigung beim Sex und gibt eine seelische Erfüllung nach dem Sex. Insofern findet Liebe ihre Befriedigung im Körperlichen. In der englischen Sprache gibt es für Sex das Synonym „to make love". Danach wäre Sex Ausdruck, die körperliche Umsetzung von vorhandener Liebe. Sex mit Liebe ist ungleich tiefer als ohne.

Geht Liebe ohne Sex? Ja. Zunächst gibt es im erweiterten Sinn der Liebe die Liebe zu Dingen wie Musik, darstellende Kunst, einer Ideologie, einem Hobby, der Heimat oder zu Tieren und so weiter. Dann gibt es diverse Formen der Liebe, die vom Sex völlig losgelöst sind, die Liebe zu den Eltern, zu Geschwistern, zu Kindern oder Anderen, die einem sehr nahestehen. Schließlich gibt es Liebe zum Partner auch ohne Sex, weil er für die Partner keine Bedeutung hat oder durch die Liebe über den Tod des Partners hinaus. Die Verherrlichung der partnerschaftlichen Liebe ohne Körperlichkeit ist jedoch kein erstrebenswertes Ziel. Sie gehört in die kirchliche Mottenkiste der Vergangenheit.

10 Die Wirtschaft und Liebe

Die Ökonomisierung unseres Lebens geht immer weiter. „Selbst in solch zarten Bereichen wie der Liebe sind wir heute fast alle Kapitalisten. Wir investieren in unsere Partnerschaft. Wir wollen ein optisches und ökonomisches Äquivalent für unseren Marktwert." stellte Richard David Precht im Handelsblatt fest.

Dabei geht er davon aus, dass Menschen in einer kapitalistischen Gesellschaftsordnung noch lieben können. Das bezweifelte Erich Fromm in „Die Kunst des Liebens". Das 1956 herausgegebene Buch war eine Steilvorlage für die 68er Generation und Jahrzehnte ein Standardwerk zum Thema Liebe. Gleich auf der ersten Seite macht Fromm klar, dass, um lieben zu können, die ganze Persönlichkeit eines Menschen zu entwickeln sei und dass ohne die rar gewordenen Eigenschaften Demut, Mut, Glaube und Disziplin zu lieben nicht möglich sei.

Er führt weiter aus, die Menschen hätten einen ausgeprägten Hang zur Konformität und würden auf dem Markt der Attraktivität nicht sich selbst, sondern nur das abbilden, was angesagt sei.

Sie würden damit nur so funktionieren, wie der Kapitalismus es möchte. Sie sollen sich frei und unabhängig vorkommen, würden sich aber bereitwillig konform verhalten und herumkommandieren lassen. Sie hätten keine eigenen Ziele, sondern würden nur den Erwartungen der Gesellschaft entsprechen. Arbeit und Konsum in Waren und Vergnügen würden sie betäuben.

Folglich müssten die Menschen erst lernen, zu lieben. Liebe nicht als etwas Natürliches, sondern als „Kunst". Eine sehr belehrende, sehr deutsche Herangehensweise an das Thema.

Richtig ist, die Organisation der Wirtschaft und damit der Gesellschaft im Kapitalismus ist keine Geschichte, die von Humanismus geprägt ist. Die Lieblosigkeit des Kapitalismus und der ihn treibenden Unternehmer, vom Ende des 19. Jahrhunderts mit Ausbeutung, Knechtung und Kinderarbeit, bis heute ist ein Armutszeugnis für dieses Gesellschaftssystem. Die Arbeitnehmer mussten sich selbst, mittels Gewerkschaften, Betriebsräte und Gesetze, jede Verbesserung der Arbeitsbedingungen, jede Verkürzung der Arbeitszeiten, jede Sozialleistung Stück für Stück mühsam erkämpfen.

Auch heute haben wir Märkte ohne Moral. Schlecker soll erst seine Angestelltinnen schikaniert haben, um sie dann zu tausenden in die Arbeitslosigkeit zu schicken; Herr Schlecker selbst soll aber für sich und seine Familie Millionen Euro auf die Seite geschafft haben. Thyssen-Krupp soll illegale Preisabsprachen im Schienenkartell getroffen haben. Manager der Deutschen Bank sollen den Libor, den wichtigsten Referenzwert für Anleihemärkte, manipuliert haben. Siemens-Manager sollen jahrelang schwarze Kassen für Schmiergeldzahlungen geführt haben. VW und andere deutsche Automobilkonzerne sollen mit Diesel-Abgaswerten tausende von Kunden und den Staat betrogen haben.

Die Panama-Papers haben ein globales Geflecht von Briefkasten-
firmen, offensichtlich zwecks Steuerhinterziehungen, publik gemacht. Apple, Ikea und Amazon sollen mittels Offshore Firmen ver-
meiden, Steuern zahlen zu müssen.

Facebook scheint sich herzlich wenig um Inhalte auf deren Seiten
zu kümmern, seien sie noch so hasserfüllt oder radikal, dafür aber
großzügig mit den Daten der Nutzer umzugehen.

Textilien werden nach wie vor auf menschenunwürdige Bedingungen in Asien hergestellt, das weiß die Öffentlichkeit spätestens
seit Naomie Klein ihr Buch „No Logo" veröffentlicht hat.

Die industrialisierte Tierhaltung und „Verwertung" schert sich of-
fenbar nicht um die Tiere und ihr Wohl. Viele ihrer Betreiber haben
ihren Wohlstand auf dem Leid von Millionen von Tieren aufgebaut.
Organisationen und Menschen, die diese Missstände aufzudecken
versuchen, werden von Lobbyisten und Parteien wie der FDP krimi-
nalisiert.

Vorstände der 30 DAX-Unternehmen sollen im Durchschnitt 54-
mal so viel verdienen wie die Angestellten in ihren Unternehmen.

In der Finanzkrise im Jahr 2008 sind nicht Menschen, sondern
Banken gerettet worden.

Die Industrie verpackt Waren ohne Ende und unsere Meere er-
trinken in Plastikmüll, so dass Müll zu einem eigenen globalen Wirt-
schaftszweig und Problem geworden ist.

Und so weiter.

Neben diesen Skandalen gibt es die vielen kleinen Skandale. Die „Volksaktie" Telekom hat mit leeren Versprechungen die Aktienkultur in Deutschland nachhaltig beschädigt.

Lebensmittelhersteller verkleinern ohne Ankündigung Packungsinhalte bei gleichem oder gar höherem Preis. Packungen sind oft nicht annähernd ganz gefüllt und versprechen damit mehr, als drin ist. Inhaltsstoffe werden in den Vordergrund gerückt, obwohl sie tatsächlich nur minimal enthalten sind. Zitat meiner Schwiegermutter: „Dieser Bonbon hat wohl nur mal neben Honig gelegen".

Handwerkerangebote, die um 100 Prozent und mehr für dieselbe Leistung voneinander abweichen.

Und so weiter.

Ein ganzer Zweig unserer Medien lebt vom Verbraucherschutz. Alleine die Erfindung dieses Wortes spricht Bände.

Wir haben Märkte ohne Moral, aber mit Kurzsichtigkeit, Maßlosigkeit und Gier. Selbst das Handelsblatt, das als Zentralorgan der deutschen Wirtschaft bezeichnet werden könnte, listete die sieben Sünden der Marktwirtschaft auf: Maßlosigkeit (Gehälter), Korruption, Steuerflucht, Umweltverschmutzung, Macht-Missbrauch (Lobbyismus, Kartelle), Ausbeutung (von Menschen), Verbrauchertäuschung (Produktangaben, Lebensmittel).

Alles, was nicht verboten ist, wird gemacht. Auch das, was verboten ist, wird gemacht, zumindest so lange das niemand merkt. Zugegeben wird nichts, es sei denn, es ist bewiesen. Die Salami-Taktik gilt nicht nur in der Lebensmittelindustrie.

Unternehmer bekämpfen grundsätzlich alles, was ihren Status Quo vermeintlich gefährdet. Vor allem Innovationen. Die deutsche Autoindustrie hat den Wechsel zu elektrischen Antrieben inklusive Entwicklung entsprechender Batterien verschlafen. Heute sind Tesla und Japaner vorn. Volvo hat das Ende von fossilen Brennstoffmotoren angekündigt.

Die deutsche Wirtschaft hat die Digitalisierung verschlafen. Heute beherrschen uns Google, Amazon und Co. Die Auswirkungen auch über Branchen hinweg, zum Beispiel bei Banken und Versicherern, sind noch gar nicht abzusehen.

Die deutsche Energiewirtschaft hat jahrelang den Schwenk zu erneuerbaren Energien bekämpft. Heute gibt es in Deutschland keine Solarbranche mehr. Die ist in China. Und für Windkraft kommt Dänemark immer mehr in die Poleposition.

Das Paradoxe ist, die deutsche Wirtschaft ist so innovativ, siehe Maschinenbau, denkt aber so retrospektiv, ohne in den großen Veränderungen und Entwicklungen die Chance für sich und das Land zu sehen. Was wäre, wenn Deutschland in all den genannten Sektoren Weltmarktführer wäre?

Die Manager

In den Unternehmen herrschen viele Führungskräfte, die technokratisch denken, entscheiden und sich so verhalten. Seinen Heirats-
antrag geht ein Manager so an:

Präsentation: PowerPoint
Thema: Projekt Come Together
Vision: Forever together
Sponsor: Schwiegereltern
Teilnehmer: 2 FTE (Full Time Equivalents), ich und sie,
                       plus Publikum to be defined
Benefits: Baustelle Lebensführung = Image erledigt,
                       Steueroptimierung, Sex for free
Location: Standesamt, angesagte Public Location mit
                       ungestörter Atmosphäre (Szenelokal).
Key Speach: Ich. Message: wir gehören zusammen (mich
                       positiv darstellen, sie loben, Emotion rüber-
                       bringen, Dank an die Schwiegereltern)
Investment: 2 Ringe (Gold; Internet?)
Kosten: keine (siehe Sponsor)

Sie lachen? Ich habe von einer Vorständin eines deutschen Mit-
telständlers eine PowerPoint Präsentation zum zeitlichen Ablauf der
Geburt ihres Kindes gesehen. Die hatte sie ihren Mitarbeitern ge-
schickt, damit die wussten, wann sie für wen erreichbar war.

Führungskräfte lassen sich scheiden und schicken ihre Kinder auf
ein Internat, um Karriere zu machen. Ihr Wertekanon lautet Ich und
Geld vor Du und Liebe.

Die Kapitäne unserer Unternehmen wechseln kontinuierlich von einem Schiff zum anderen, ob sie zuvor Erfolg hatten oder nicht. Wie kann man da Bindung und Beziehung zu dem aufbauen, was man tut, zu dem Unternehmen, zu dessen Produkten, zu den Mitarbeitern?

Und wenn es mal gar nicht mehr gut läuft, zum Beispiel weil die Mitarbeiter der Geschäftsleitung in den Mitarbeitermeinungsumfragen Jahr für Jahr schlechte Noten geben, dann werden für viel Geld Berater eingekauft. Das ändert natürlich nichts. Ein Vorstand, der eine narzisstische Persönlichkeit ist, bleibt eine solche. Er versteht weder vorher noch hinterher, weshalb alle im Unternehmen Angst vor ihm haben und keiner ihn liebt (auch er möchte geliebt werden), denn erstens wagt niemand ihm die Wahrheit zu sagen und zweitens sind narzisstische Menschen ohnehin kaum zur kritischen Selbstreflexion fähig.

Unternehmen präsentieren sich gerne mit Hochglanzbroschüren, in denen sie die von ihnen angeblich vertretenen Werte anpreisen. Die Realität sieht oft anders aus. Mitarbeiter werden reduziert auf reine Funktions-Erfüllung. In immer schneller aufeinander folgenden Umstrukturierungen werden Menschen hin und her geschoben, die nicht mehr zur Ruhe kommen und keine Bindungen mehr aufbauen können, zu Kollegen, Führungskräften, Kunden, dem Unternehmen. Damit einher gehen fast immer Reduzierungen der Mitarbeiteranzahl, notfalls per Entlassungen. Altgediente Mitarbeiter werden aus Unternehmen gedrängt, um den letzten Euro zu sparen oder weil die Nasen nicht mehr passen. Das geschieht regelmäßig á la George Clooney in „Up in the air", obwohl man sich, wie eine Kollegin immer zu Recht sagte, auch mit Anstand trennen kann. Doch in der Trennung zeigt jeder sein wahres Gesicht.

Dieselben Unternehmenslenker, die so mit den Mitarbeitern umspringen, nörgeln aber, wenn Arbeitnehmer nicht mehr so eine Bindung zum Arbeitgeber zeigen, wie das früher der Fall war. Menschen spüren in Nuancen, wie mit ihnen umgegangen wird. Viele Mitarbeiter brauchen lange, um ihre feste Loyalität zu „ihrem" Unternehmen abzulegen, ist es doch ein Abschied gegen ihre innere Einstellung und von einem Teil ihres Lebens. Doch heute sind viele so weit.

Die Deutsche Bank hat jahrelang versucht, mit Emotionen zu punkten. „Leistung aus Leidenschaft" war lange Zeit ihr Slogan. In der öffentlichen Wahrnehmung wird die Bank von vielen jahrelang als Leidensschaffer wahrgenommen: Die Bank 24 auf- und wieder abgebaut, Stellenkürzungen, Filialschließungen, Abkehr vom Normalkunden hin zur vermögenden Klientel, unzählige Prozesse, das „Peanuts"-Zitat von Hilmar Kopper und das „V"-Zeichen (victory) von Josef Ackermann, sinkender Aktienkurs, der „Libor"-Skandal, hunderte von Rechtsstreitigkeiten – einfach leidenschaftlich überheblich.

Der damalige Vorstandsvorsitzende John Cryan hat den Slogan abgeschafft. Begründung: Leidenschaft kann auch zu Exzessen führen, wenn sie keine Grenzen mehr kennt. Sicherlich gibt es bei der Deutsche Bank noch Bänker aus Überzeugung, die treu zu ihrem Arbeitgeber stehen. Ich habe die Deutsche Bank in meinem einzigen Kontakt vor allem als bürokratisch und überheblich wahrgenommen.

Die Diskrepanz zwischen Werbeslogan-Versprechen von Unternehmen und Realitäts-Wahrnehmung der Kunden ist das große Problem von Werbung, vor allem dann, wenn sie auch noch große

Gefühle anspricht. Diese Lücke war bei der Deutsche Bank von Anfang an so groß, dass ihr Slogan bei mir nie verfing. Welcher potentielle Kunde der Bank glaubt dieser Bank dieses Gefühl schon? Die meisten, regelmäßig rechnende Menschen, wollen es wahrscheinlich sogar gar nicht, sondern erwarten nüchterne Sachlichkeit.

Ich weiß, wirtschaftliche Unternehmen sind keine Kindergeburtstage und keine Wohltätigkeitsveranstaltungen. Es geht auch nicht um platte Kapitalismuskritik. Ich weiß, was ich diesem System Gutes zu verdanken habe. Ich lebe gerne in diesem System. Ich bin mir meines Lebensstandards und dem Grund dafür sehr bewusst. Ich sehe den Vergleich zu anderen Ländern jeden Tag in der Tagesschau und im Weltspiegel.

Das hindert mich nicht daran, die Schattenseiten zu sehen. Ich habe nicht das Interesse wie die AfD, die Linke oder Trump, mit einer mehr oder weniger direkten Anti-Kapitalismus-Kritik zu spalten und eigene Interessen zu verfolgen. Es geht mir um das Ganze, denn ich bin mir sicher, dass wenn auch die Wirtschaft das Ganze sehen und nicht immer nur die eigenen kurzfristigen Profit-Interessen verfolgen würde, die Akzeptanz „der Wirtschaft" in der Bevölkerung größer wäre, was der Wirtschaft zu Gute käme. Die Wirtschaft und ihre Verbände sollten die Haltung ablegen, dass jede Kritik Gotteslästerung gleicht. Wer, wenn nicht gute Freunde, hat das Recht und die Aufgabe, auch Kritik zu üben.

Berthold Leibinger, ehemals Vorsitzender der Geschäftsführung von Trumpf, stellte im Handelsblatt fest, die Wirtschaft stehe nicht hoch in der Gunst unserer Landsleute angesichts von Gier, Ellbogenmentalität, überzogenen Gehältern der Führungsfiguren, hohen

Abfindungen im Versagensfall, fehlendem Gemeinsinn und mangelnder Transparenz. Er fragt sich, ob der Grund Neid ist oder mit dem Gebaren der Wirtschaft selbst zu tun hat, um letzteres zu bejahen und mehr Verantwortung der Wirtschaft zu fordern. Und Liebe, möchte man mit einem Wort ergänzen.

Leiter von Unternehmen, Führungskräfte sollten sich immer die Frage stellen, ob sie privat auch so technokratisch denken, handeln, sprechen würden. Ich hoffe, die meisten würden mit „nein" antworten. Sie sollten sich fragen, ob sie das, was sie von den Mitarbeitern fordern, Loyalität, Leidenschaft und Verantwortung, selbst leben. Ob sie das, was sie tun, mit Liebe tun. Ich bin mir sicher, wenn beide Aspekte stärker zum Tragen kämen, würden Unternehmen ein positiveres Bild abgeben, würden Unternehmen und Unternehmer mehr Liebe zeigen.

Nebenbei: Führung findet immer statt. Jedes Tun oder Unterlassen einer Führungskraft hat Auswirkungen. Mitarbeiter beäugen jeden Schritt ihrer Führungskraft, sie haben ein so feines Gespür, dass sie nicht selten die Motive, Launen und Entscheidungen besser sehen als die Führungskraft selbst, ja sogar vorhersagen können. Führungskräfte können also nicht „nicht führen".

Führung ist immer eine soziale Angelegenheit. Es gibt sie nicht für sich, sondern bedarf immer zweier Menschen. Einen der führt, und einen, der geführt wird. Führung ist damit immer Beziehung. Soll Führung funktionieren, muss sie von den Mitarbeitern anerkannt sein. Nicht nur als solche, sondern auch in ihrer Art und Weise.

Als den Grund, weshalb so viele Führungskräfte so wenig gute Beziehungen zu ihren Mitarbeitern haben, schreibt Reinhard K. Sprenger: „Weil sie sich selbst nicht mögen." Und er nennt Gründe: weil sie sich als defizitär erleben, idealisierten Vorbildern hinterherrennen, hinter ihren eigenen Erwartungen landen, frühen Zuwendungsmangel kompensieren, Ausgleich für innere Ohnmacht suchen, Gefühlsstau aggressiv an anderen abreagieren.

Erschreckend, wie sich das 1:1 in der Realität zeigt. Ich kenne einen Manager, der vom Druck des längst toten Vaters beherrscht ist, der angstgetrieben agiert, der unter dem Druck von oben leidet, der Versagensängste hat, der seine Karriereziele nicht erreicht hat, der aggressiv auskeilt, der seine körperliche und sexuelle Verklemmtheit mit Anzüglichkeiten und dreckigen Witzen kaschiert, der sich für den Größten hält, der eine One-Man-Show sein möchte, der immer den letzten Spruch bringen muss und der alles selbst entscheiden will.

Es gibt keine schlechten Unternehmen, die schlecht handeln, sondern es sind immer Menschen, Leiter von Unternehmen und Führungskräfte, die das tun.

In diesen Positionen sind Menschen gefragt, die echtes Selbstvertrauen entwickeln konnten. Die sich selbst wirklich mögen, ausgeglichen sind, mit sich „im Reinen" sind. Die Kritik und Konflikten angstfrei begegnen. Die Andersartigkeit nicht als Bedrohung, sondern als Bereicherung erleben. Die eigene, vor allem aber Erfolge Anderer anerkennen und dafür echte Freude haben und zeigen können. Das ist die Basis, Vertrauen zu gewinnen und ein gutes emotionales und soziales Klima in Unternehmen zu schaffen.

In einer Präsentation eines Beraters zur Mitarbeiterführung habe ich mal zwei Seiten gelesen: Seite 1 die These, Führung beruhe auf den Annahmen, Mitarbeiter seien faul, wären nur durch Geld zu motivieren, würden nur für sich und nicht für das Unternehmen das Beste suchen, verstünden die Zusammenhänge nicht, in denen das Unternehmen agiert, und wollten keine Verantwortung übernehmen. Seite 2 die Forderungen, sei fair, offen, einfühlsam, präsent, kommunikativ, konfliktfähig, tolerant, aufmerksam. Es könnte so einfach sein. Und keine Führungskraft solle je behaupten, es sei ihr niemals gesagt worden.

Es geht aber auch anders

„Es ist leichter Konflikte auszutragen, wenn man jemanden liebt" gibt Nicole Leibinger-Kammüller, Geschäftsführerin von Trumpf, dem Handelsblatt über die Zusammenarbeit im Unternehmen mit ihrem Vater zu Protokoll. Sie ist überzeugte Protestantin und engagiert sich für humanitäre Maßnahmen.

Bill McDermond, damals Chef von SAP, twitterte laut Handelsblatt: "Feiere meinen 25. Hochzeitstag mit meiner Ehefrau Julie, der Frau meiner Träume. Keine Verbindung bedeutet mir mehr. Liebe macht das Leben lebenswert." Ich kenne Bill McDermond nicht, weiß nicht, wie er wirklich ist. Aber was für ein öffentliches Statement! Als Spitzenmanager 25 Jahre verheiratet zu sein, seine Träume einzugestehen, die Verbindung zu seiner Frau über jede andere zu stellen, also die Liebe über Geld und Macht zu stellen. Ich war beeindruckt.

Das Ehepaar Heinrich und Dorothee Strunz leitet gemeinsam Lamilux, einen Hersteller von Kunststoffplatten und Tageslichtsystemen. Dem Handelsblatt erzählen sie, dass sie 30 Jahre verheiratet sind und 3 Kinder haben. Beruf und Privatleben fließen bei ihnen ineinander. Sie streichen heraus, das wichtigste sei, sich partnerschaftlich zu behandeln, die Meinung des Anderen zu akzeptieren und sich nach kleinen Streitigkeiten wieder zu vertragen, einen Konsens zu finden.

Ich finde es gut, wenn Manager und Managerinnen das Thema Liebe auf die Wirtschaftsseiten bringen. Je mehr, je eher sollte es ein Aspekt in Unternehmen werden. Liebe wirkt beim Sex wie ein Katalysator. Das kann sie auch in Unternehmen sein. Für einen besseren Umgang mit den Mitarbeitern. Die können arbeiten, nur um Geld zu verdienen. Doch wenn Liebe hinzukommt, fühlen sie sich wohler und das, was sie tun, bekommt noch einen ganz anderen Sinn und Wert.

Zum Beispiel für bessere Produkte. Ich kann verkaufen, um Geld zu verdienen. Ich kann aber auch ehrlich sein und nicht bescheißen. Zum Beispiel für gute Produktionsbedingungen. Die Umwelt kann mir egal sein, ich kann aber auch etwas für sie tun (und das Knowhow dafür verkaufen). All das führt zu neudeutsch Nachhaltigkeit. Alle Untersuchungen haben ergeben, dass werteorientiertes und nachhaltiges Wirtschaften die besten Überlebens- und Wachstumschancen für Unternehmen beinhalten. Und das ist doch auch der Sinn einer wirtschaftlichen Unternehmung, zu wachsen und zu gedeihen.

Führung ist immer wieder in unterschiedliche Führungsstile verdichtet worden. Autoritär wie beim Militär, Freiheiten nicht zulassend. Patriarchalisch wie in einer Großfamilie, Willkür walten lassend. Kooperativ unter Partnern, auf die Sachebene bezogen. Situativ abhängig von der Situation, beliebig sein.

Ich empfehle eine freundschaftliche Führung. Ihre Basis ist Individualität. Ihr Grundwert ist Vertrauen. Ihre Ausprägungen sind Bindung, Vertrautheit, Konstruktivität und Gegenseitigkeit. Sie nimmt der Wirtschaft die Aura, eine andere Welt zu sein. Das haben die jungen Generationen übrigens längst erkannt. Sie leben weniger in strikt getrennten, sondern mehr in fließenden, ineinander übergehenden Welten.

Das Leben ist zu kurz und das Arbeitsleben nimmt zu viel Lebenszeit, als dass es uns egal sein könnte, in welcher Atmosphäre wir es wahrnehmen. Wie sagte eine Ärztin, die ich auf die sehr angenehme Stimmung in ihrer Praxis angesprochen hatte, zu mir: „Ich sorge dafür, dass ich mich nur mit freundlichen Menschen umgebe, Mitarbeiter wie Patienten". Da es kein Grundrecht auf freundliche Arbeitsatmosphäre gibt: wer diese nicht erlebt, sollte in eigenem Interesse weiterziehen. So reguliert sich auch dieser Markt.

Viele Mitarbeiter haben den Wert von Liebe in Unternehmen übrigens längst erkannt. Vor allem größere Unternehmen sind wahre Liebes- und Hochzeitsmärkte. Ich würde wirklich gerne wissen, wie viele Paare in demselben Unternehmen arbeiten oder sich zumindest am Arbeitsplatz kennengelernt haben.

# 11 Liebe in der Politik

Liebe und Politik, geht diese Kombination? Allein die Frage zeigt, wie ungewohnt und damit selten Liebe in der Politik vorkommt. Politiker scheinen in anderen Bahnen zu denken und zu handeln. Es geht um das Große und Ganze, die Geschichte des Landes und den eigenen Platz in derselben. Da findet Liebe selten Raum.

Es gibt in der großen wie in der kleinen Politik immer wieder Geschichten über Politiker und ihre Beziehungen. So über den SPD-Politiker Rudolf Scharping und seine Gräfin Kristina von Pilati, die vor allem deshalb Wellen schlug, weil er sich als Sozialdemokrat mit einer Adligen eingelassen und Home-Stories inklusive Bilder vom Bad im Pool gegeben hatte. Über Horst Seehofer und sein außereheliches Kind, worüber der CSU-Politiker und bekennende Katholik aber nicht gerne spricht. Vielleicht ging es hier auch gar nicht um Liebe. Über den Bundespräsidenten Frank Walter Steinmeier, der seiner Frau eine Niere spendete, was als sehr menschlich, ja rührend in der Bevölkerung ankam und das Thema Organspende nach vorne brachte. Über den SPD-Politiker Heiko Maas und Nathalie Wörner, die einen gewissen Glamour-Faktor hatten, schließlich ist sie Schauspielerin.

All diese Affären und Geschichten sind nett, aber sie haben nur mit Politikern, nicht aber mit Politik zu tun. Das ist bei Torsten Hauwetter, CDU-Politiker und ehemaliger Vorsitzender des Finanzausschusses von Pinneberg, nördlich von Hamburg, schon anders. Er legte im Jahr 2017 alle Sitze und Mandate in der Kommunalpolitik nieder, weil er sich in die Bürgermeisterin von Pinneberg, Urte Steinberg, verliebt hatte und ihm klar war, dass seine neue Liebe nicht zu seiner Funktion als Politiker in der Ratsversammlung zusammenpasse.

Die CDU stünde für Recht, ordentliche Verhältnisse und moralisch verantwortungsvolles Handeln. Es dürfe niemals nur der Anschein entstehen, dass eine private Beziehung und politisches Handeln Verknüpft seien. Bemerkenswert, dass sich ein konservativer Politiker zu einem solchen Thema so offen an die Öffentlichkeit wendet. Bemerkenswert, dass ein konservativer Politiker eine so hohe moralische Messlatte legt, könnte doch gerade bei der CDU/CSU das auf den eigenen Vorteil bedachte, intransparente Handeln auf kommunaler Ebene, zum Beispiel mit befreundeten Landwirten und Baulöwen, besonders hoch sein. Liebe vor Karriere – Chapeau!

Politisch zu bewerten, ist auch der Satz von Klaus Wowereit, SPD, ehemaliger regierender Bürgermeister von Berlin, der seiner Kandidatur mit dem Satz „Ich bin schwul, und das ist auch gut so!" ein deutliches Signal in die Gesellschaft gab. Das war damals neu. Und die Menschen wählten ihn. So ist Berlin.

In Hamburg druckste Ole von Beust, CDU, ehemaliger Bürgermeister, so lange um seine Homosexualität rum, bis es nicht mehr anders ging, da er sich von seinem Koalitionspartner in Person von Ronald Schill erpresst fühlte und sich genötigt sah, damit in die Öffentlichkeit zu gehen und gegen Schill zu handeln.

Heute ist das Thema Sexualität bei Politikern kein Thema mehr. Ja, Homosexualität, Transgender, das dritte Geschlecht beherrschen die Medien so sehr, dass nicht wenige den Eindruck haben, diese Minderheiten würden uns beherrschen.

In den USA hat der damalige amerikanischer Präsident Trump schwarze Sportler, die aus Protest gegen rassistische Gewalt vor einem Spiel zur Nationalhymne knien oder in der Kabine bleiben, als „Hurensöhne" bezeichnet. Abgesehen davon, dass diese Ausdrucksweise einem amerikanischen Präsidenten nicht angemessen erscheint, kann ein solcher Präsident sein Volk lieben? Wohl zumindest nicht alle Amerikaner.

In Deutschland ist die Spitze der Spaltungskräfte die AfD. Mal subtil, meist offen werden angebliche Interessen von Minderheiten gegen die der Mehrheit oder anderer Minderheiten so in Position gebracht, dass bei Letzteren Neid, Hass und Ausgrenzung gesät wird. Dies in der – leider berechtigten – Hoffnung, dass die Mehrheit nicht mehr schweigt, sondern einige AfD wählen. Diesen Mechanismus hatten auch die Nationalsozialisten erfolgreich angewendet...

Die CDU führt das „Christlich" im Namen. Sie hat aber vor allem als Interessenvertretung der Wirtschaft und des Kapitals agiert. Von Nächstenliebe über weite Strecken keine Spur. Helmut Kohl dürfte bei der sogenannten Wiedervereinigung möglicherweise auch die Menschen in der damaligen DDR gesehen haben, vor allem aber seinen einmaligen Platz in der deutschen Geschichte als „Kanzler der Wiedervereinigung", hatte er doch ein grenzenloses Bedürfnis nach Anerkennung. Bei der Pastorentochter Angela Merkel, noch Bundeskanzlerin, bleibt ebenfalls nur Spekulation. Abschaffung Wehrpflicht, Atomausstieg, Mindestlohn, 2 Tage Grenzöffnung für Flüchtlinge im Jahr 2015 – mit ihr scheint alles möglich. Keiner weiß, ob aus Überzeugung oder purem Opportunismus und Willen zur Machterhaltung.

Die SPD hat Brüderlichkeit, Gleichheit, Freiheit auf ihrer Fahne stehen, doch seit Gerhard Schröder und Hartz IV sinkt sie kontinuierlich in die Bedeutungslosigkeit. Als Kümmerer für sozial Benachteiligte bewusst den Harakiri-Stich in die eigene Kernkompetenz „soziale Gerechtigkeit" und damit gegen die eigene Kernklientel anzusetzen, kann als Suizid-Versuch angesehen werden. Die CDU reibt sich bis heute die Augen über dieses Geschenk für ihre Regierung und lebt nach Aussage aller Experten von dessen „Errungenschaften". Die SPD ist bis heute nicht auf die Idee gekommen, von der CDU zu fordern, sie möge für deren Klientel ein ähnliches Paket schnüren, um Deutschland weiter nach vorne zu bringen.

Das Schlimme ist, dass ich heute nicht mehr die Motive eines Politikers zu erkennen vermag, warum er wie entschieden hat. Die Politiker der Nachkriegszeit waren geprägt von der NS-Diktatur und hatten aufgrund - oft sehr persönlicher - Erfahrungen klare Vorstellungen, wie sie die neue Republik gestalten wollten. Heute sind einmalige Lebensläufe, Milieu-Verbundenheiten und Persönlichkeiten bei vielen Politikern Fehlanzeige. Anpassung, Karriere, Selbstdarstellung regieren das Land. Christian Lindner und Wolfgang Kubicki jetzt dem Zeitgeist angepasst mit 3-Tage-Bart, meist ohne Krawatte und mit neuem Programm; keine Überzeugungen und Standpunkte scheinen gefragt, sondern Beliebigkeit soll Wählerstimmen holen. Waren die zwei Tage Grenzöffnung im Jahr 2015 von Kanzlerin

Merkel Nächstenliebe, Aktionismus oder Opportunismus? Ich wünschte ersteres, ich fürchte letzteres.

In der Corona-Pandemie allerdings haben alle ernst zu nehmenden Politiker vor allem ein Ziel im Blick gehabt: Leben retten. Einzelleben vor wirtschaftlichen Interessen. Das nicht nur in Deutschland, sondern fast weltweit. Die Pandemie könnte zu mehr Solidarität und Mitmenschlichkeit in unserer Gesellschaft führen. Und sie könnte den Blick auf einen fürsorglichen Staat wieder stärken.

Politiker machen in ihrer Mühle immer weiter und weiter und weiter. Es gibt kein Innehalten. Die andere Seite hat nie Recht. Für sich selbst gibt es immer nur Rechtfertigungen, nie Entschuldigungen. Machterhalt ist alles. Ist Politik Beruf oder Berufung?

In politischen Debatten und Diskussionen geht es neben der ewigen Rechthaberei um Zahlen und Geld. Sollte es nicht um die Menschen und deren Schicksale, um Tiere, die Umwelt gehen? Um unser Land? Um Inhalte? Führen nicht mit ruhiger, sondern mit liebevoller Hand würde mich berühren.

Professionalität heute heißt Emotionslosigkeit. Verlorene Wahlen interessieren um 18:01 Uhr schon nicht mehr. Verluste werden für eine Sekunde rhetorisch eingestanden, um sofort wieder abzulenken, „Ich gucke nach vorne." Olaf Scholz, damals Hamburger Bürgermeister, hatte für Olympia und den G20-Gipfel in Hamburg gekämpft. Die Hamburger lehnten Olympia per Volksentscheid ab und die Bilder der Krawalle beim G20-Gipfel – brennende Autos, Plünderungen und rechtsfreie Räume inklusive – gingen um die Welt. Beide Ereignisse hakte Scholz emotionslos und ohne Konsequenzen für sich ab. Und die Kanzlerin Merkel gibt sich als Emotionslosigkeit in Person.

Bloß keine Niederlage eingestehen, bloß nicht mit Negativem in Verbindung gebracht werden, bloß keine Enttäuschung, Traurigkeit, Nachdenklichkeit, Verantwortung zeigen. Bloß nicht ehrlich sein. Natürlich ist es gut, keine Hitzköpfe in den Zentralen der Macht zu haben. Natürlich brauchen wir keine Schreierei mehr im Bundestag wie in den 70er Jahren von Franz-Josef Strauß und Herbert Wehner. Was aber fehlt ist der Funke, dass es nicht um die eigene Karriere oder um Symbolbilder mit Gummistiefeln am gebrochenen Deich geht, sondern dass Antrieb, Handeln und Entscheiden einer inneren Überzeugung folgen, einem liebevollen Ansatz den Menschen, den Tieren, der Umwelt, sprich unserem Land gegenüber.

Aufgrund der nationalsozialistischen Geschichte haben Politiker es Jahrzehnte nicht gewagt, der Bevölkerung eine nationale Identität anzubieten. Dieses Vakuum versuchen die rechten Extremisten dankbar zu füllen. Sie tun das heute erfolgreicher denn je.

Vaterlandsliebe hat noch heute den verheerenden Nachhall des blinden und bedingungslosen Gehorsams aus der dunklen Zeit, als Nationalsozialisten dieses Land ins Verderben führten.

Nationalismus ist das dumpfe Bestreben, sich selbst durch Herabwürdigung und Ausgrenzung Anderer zu erhöhen. Inhaltlich fällt den Eiferern zu den deutschen Errungenschaften oft nicht mehr als Ordnung und Sauerkraut ein.

Patriotismus ist eine Bindung an das eigene Land, die geschaffene immaterielle Werte wie eine politische und soziale Ordnung, erbrachte Kultur und das Gemeinwesen zu schätzen weiß. In der näheren Umgebung wie für das ganze Land. Dabei geht es immer um die Menschen, die dieses Land ausmachen, ihrem Umgang miteinander und mit dem Land, zum Beispiel der Natur. Hier schwingt eine wertschätzende Liebe mit, die auf Gegenseitigkeit setzt, von den Anderen wie vom Umgang „des Staates" mit den Menschen.

Solange wir in Nationen und Ländern denken, erscheint mir ein maßvoller Patriotismus am geeignetsten, den Menschen politisch eine positive nationale Definition des Landes und eine von demokratischen, humanistischen und aufgeklärten Werten getragene Identifikation ihres Landes zu bieten.

 **12** **Die Liebe im Internet**

Für die Inhalte im Internet gilt abseits des reinen Warenkonsums nach wie vor die Drittel-Regel: ein Drittel Schwachsinn, ein Drittel Porno und ein Drittel nutzbar. Diese Regel galt schon vor Jahren und es wird leider nicht besser. Eher im Gegenteil.

In der öffentlichen Wahrnehmung ist das Internet noch schlimmer als das Fernsehen. Hier kann sich wirklich jeder zu allem äußern, egal wie intelligent er ist, ob er vom Thema eine Ahnung hat, zum Beispiel eine Ausbildung, und welche Ziele er verfolgt. Shitstorm, Hass, Rechtsradikalismus, Straftaten wie Drogen- und Waffengeschäfte, Terrorismus – alles lebt im Internet. Gefeiert wird es als Medium der Wahrheit, des Wissens, der Meinungsfreiheit und der echten (Basis-)Demokratie. Zumindest ist es wohl ein Spiegel unserer Gesellschaft, um die es demnach über gewisse Strecken nicht zum Besten bestellt sein kann.

Natürlich sollten wir uns vom Missbrauch eine an sich gute Innovation nicht kaputtmachen lassen. Doch das Internet als Megaphon bewegt das öffentliche Leben und damit unsere Gesellschaft oft in eine Richtung, die nicht gut ist. Partikuläre Interessen werden verfolgt, es wird gehetzt und gespalten, selten werden Lösungen angeboten. Nutzer, die sich bewusst in ihrer Anonymität ausleben, und die digitalen Monopolisten wie Google und Facebook, die mit schlankem Fuß jede Verantwortung von sich weisen, pfeifen auf bisher übliche Werte, Regeln wie Anstand, für das eigene Handeln Verantwortung zu tragen, und Gesetze. Das an sich ist oft verwerflich genug. Außer der Erkenntnis zu wissen, wie zumindest einige wirklich denken, vermag ich einen Mehrwert nicht zu entdecken. Von Nächstenliebe möchte ich gar nicht erst sprechen.

Zudem offenbart sich mehr und mehr, wie sehr uns die amerikanischen Internet-Giganten wie Facebook, Google, Amazon und Co. beeinflussen, steuern und damit beherrschen. Die Mär von Basis-Demokratie ist längst von wenigen großen Playern aufgesaugt worden.

Das Internet bietet uns einen nicht zu erfassenden und unerschöpflichen Strom an Kommunikation. Egal ob Twitter-Meldungen von Politikern oder die WhatsApp-Nachricht von Freundin zu Freundin, es sind Häppchen, die meist nicht einmal verdaut werden müssen und im nächsten Augenblick schon wieder vergessen sind. Würde morgen eigentlich jemand vermissen, wenn sie nicht mehr kämen?

Diese Kommunikation bietet eine vermeintliche Nähe zu und Teilhabe am Leben von Anderen. Aber letztlich ist es wie bei Günter Jauchs „Wer wird Millionär" und den anderen Quiz-Shows, es bleibt bei einem kurzen Antippen eines Themas ohne Kontext. Schon nach einer Minute sind Frage und Antwort vergessen. Eine Beschäftigung mit dem Kontext bleibt ganz aus. Bei Jauch lernt man deshalb nichts, sondern konsumiert nur Unterhaltung. Von WhatsApp, Facebook und Co. lässt man sich ebenfalls unterhalten, aber ohne einen Menschen wirklich kennenzulernen und sich tiefer mit ihm auseinanderzusetzen.

Früher mussten Jugendliche, wenn sie Kontakt zu Anderen suchten oder auf Partnersuche waren, sich dem Anderen in Person und damit körperlich stellen, im Jugendzentrum, auf dem Sportplatz oder auf anderen Treffpunkten im Ort oder Stadtviertel. Der Andere sah die Körperhaltung und Mimik, hörte die Ausdrucksweise und Tonmodulation. Vielleicht roch und berührte man sich. Heute laufen erste Kontakte online. Der Moment of Truth kommt aber dennoch. Jetzt aber nicht spielerisch, oft ungelernt, sondern mit einer ungleich höheren Erwartungshaltung, all das, was vorher an Kommunikation gelaufen und investiert worden ist, nun nicht durch den eigenen Auftritt zu versauen. Bei den Voraussetzungen und dem Druck ist das Potential des Scheiterns höher. In diese Situationen bringen sich heute nicht nur Jugendliche, sondern auch Erwachsene.

Heute loggen sich in Deutschland monatlich mehr als 8 Millionen Menschen auf Dating-Portalen ein. Per App auf das Smartphone leicht gemacht. Partnervermittlungen verheißen das Paradies: genau jenen Gefährten zu finden, der am besten zu ihm oder ihr passt. Niemand muss sich mehr mit nur mittelmäßigen Beziehungen begnügen. Denn Partnervermittlungen bieten mehr potenzielle Partner an, als jeder von uns in unserem ganzen Leben je treffen würde.

Die Agenturen stellen den von früher gewohnten Ablauf des Kennenlernens auf den Kopf: bisher trafen wir Menschen und waren von uns nicht bewussten Sinneseindrücken beeinflusst wie Mimik, Klang der Stimme, Geruch. Und natürlich von uns bewussten Sinneseindrücken wie Körperbau und ein Blick in die Augen. Es waren meist die ersten Eindrücke eines Gegenübers, die wir von ihm oder ihr hatten.

Online checken wir zunächst verschiedene Kriterien wie Wohnsitz, Beruf, Lieblingsfarbe und Muss-Kriterien wie Hund oder Katze, Raucher oder Nichtraucher, politische Ausrichtung und so weiter. Erst nachdem wir zahlreiche Details aus dem Leben des Anderen abgeprüft und als gut bewertet haben, kommt es zu einem Treffen. Die archaischen Mechanismen können wir nicht ausschalten, aber der Druck, aufgrund der intensiven Vorauswahl anhand von Fakten nicht falsch liegen zu können, ist für uns rationale Wesen groß.

Partnersuchende im Netz stellen sich nicht mehr den analogen Treffplätzen. Sie geben sich auch nicht mehr mit der digitalen Shoppingwelt zufrieden. Frei nach Oscar Wilde, „Ich habe einen ganz einfachen Geschmack, immer nur das Beste", wollen sie nicht weniger als den für sie objektiv besten Partner. Es gibt spezielle Angebote für Vegetarier und Veganer, Christen oder Muslime, Hunde- oder Katzenfreunde, Millionäre oder Jäger, Groß- oder Kleinwüchsige, Dicke, Science-Fiction-Fans, Seeleute, Gruftis und so weiter.

Gerne wird bei der Darstellung der eigenen Person nachgeholfen. Nur 7 Prozent aller Onlineprofile sollen völlig wahrheitsgetreu sein. Geboten wird ein Wunschdenken: beschrieben wird die Person, die Mann oder Frau gerne sein würde. Es ist eine Inszenierung einer virtuellen Identität. Entsprechend fallen die Anforderungen aus. Aber wo sollen die angefragten Clooney-Einstein-Rockefeller und Johansson-Curie-Winfrey herkommen?

Idealkriterien für Partner haben nichts damit zu tun, ob wir ein Gegenüber attraktiv finden. Erwachsene suchen auch nicht immer den Superman oder die Superwoman. Viele haben ein Gespür dafür, welchen Wert sie auf dem Markt der Partnervermittlung haben und passen ihre Ansprüche an das an, was sie selbst geben können. Jugendliche müssen diese Ahnung erst entwickeln, weshalb Teenager sich oft unglücklich verlieben. Aber in einer Welt, die uns scheinbar unbegrenzte Möglichkeiten suggeriert, bleibt ein schaler Nachgeschmack, der uns auch in anderen Lebenssituationen immer öfter auf der Seele brennt: der Minderwertigkeitskomplex.

Die Suche nach dem Optimum schürt unrealistisch hohe Erwartungen. Jeder möchte mehr erreichen und darstellen, als er es tut. Jeder möchte – im Netz – gehört werden und seine Wünsche und Träume, Sehnsüchte und Gefühle äußern und befriedigt bekommen. Schließlich steht uns nicht weniger als die ganze Welt zur Verfügung, oder? Das Internet ist ein Medium für Narzissten. Es beflügelt die Idee, etwas Besseres zu sein, dem das Optimum zusteht, das hier gesucht und gefunden werden kann. Denn das Internet macht scheinbar alles möglich, im Zugriff auf die ganze Welt alles bekommen zu können.

Die Globalisierung der Partnersuche ernüchtert, wenn trotz der frisierten Angaben doch nur Partnervorschläge kommen, die der Frau von gegenüber ähneln, die den eigenen Ansprüchen nicht genügen oder – schlimmer - bereits ihrerseits abgewinkt haben.

Bei der schier unerschöpflichen Auswahl bleibt für alle ein Problem: die Qual der Wahl. Untersuchungen haben ergeben, dass sich generell die Unzufriedenheit mit einer getroffenen Wahl erhöht, je mehr Wahlmöglichkeiten einem zur Verfügung standen. Mit dem Wissen, dass zahllose Partner nur einen Klick entfernt sind, sind wir folglich weniger gewillt, uns festzulegen und eher bereit, selbst eine blühende Beziehung bei geringsten Zweifeln abzubrechen. Es ist ein

Paradox: das Medium, das uns helfen soll, unser Alleinsein zu bekämpfen, untergräbt die Chance auf eine stabile, anhaltende Partnerschaft.

Der Glaube an die Algorithmen ist eine Verkopfung. Statt Zufall, Gefühl und dem Bewusstsein, dass es den perfekten Menschen und Partner nicht gibt, soll uns unser Verstand anhand von Kriterien zielgerichtet genau diesen Partner bescheren. Die neue Liebe ist eine selbstoptimierte Liebe. Die auf dieser Basis geschaffenen Partnerschaften müssten ewiges Glück, ewige Liebe und ewige Beziehungen begründen. Davon habe ich aber in diesem Zusammenhang noch nicht gehört. Denn oft sind die Online Gefundenen doch nicht die Richtigen.

Der Gegensatz zu online ist übrigens nicht offline. Das suggeriert, man sei nicht dabei, sei abgemeldet, stehe im Abseits. Das Gegenteil ist der Fall. Wer nicht online ist, ist onlife, bewegt sich in der analogen Welt, agiert im wirklichen Leben und hat echte Beziehungen.

Beziehungen macht die „Beziehungsarbeit" aus. Es hilft nicht, online per Selbstoptimierung die Abkürzung zu nehmen, sondern Beziehungsoptimierung ist als Sisyphos-Aufgabe zu begreifen. Es ist ein Trugschluss, der Algorithmus könnte alles für mich regeln. Der Augenblick der Wahrheit ist nur aufgeschoben, er kommt dann, wenn die erste reale Begegnung mit dem Computerergebnis stattfindet.

Dann sind die Instinkte gefragt. Und selbst, wenn das gutgeht, ist eine laufende reale Beziehung zu meistern mit den Erfahrungen und Werkzeugen, die einem zur Verfügung stehen. Je weniger es da mangels Erfahrungen gibt, je kleiner sind die Erfolgsaussichten. Wenn alles so schön glatt ginge, müsste es auch viel erfolgreicher sein als es die „Ergebnisse" der Online-Vermittlungen tatsächlich sind. Und es wäre langweilig.

Die Online-Suche vernachlässigt einen wichtigen Aspekt von Beziehungen. Die Emotionalität. Emotionale Nähe entsteht nicht dadurch, dass sich zwei objektiv ähneln, sondern sich als passend empfinden. Diese Empfindungen kann der PC nicht generieren, die muss jeder selbst entwickeln. Das kann nur die analoge Welt ermöglichen durch den Aufbau einer persönlichen Beziehung. Nur sie zeigt, ob man miteinander kommunizieren, gemeinsam Konflikte lösen, zusammen lachen und gegenseitig Stress bewältigen kann.

Das Internet nimmt uns das Vertrauen auf die eigenen Fähigkeiten, einen Partner aussuchen zu können. Es nimmt uns die Spannung, wenn ich schon vorher alles über den anderen weiß. Es nimmt uns das Risiko, das zum Leben dazugehört. Es nimmt uns wichtige Charaktereigenschaften wie Selbstvertrauen, Mut und Entscheidungsfähigkeit.

Das Internet hält uns ab, mit Menschen in der realen Welt umzugehen. Statt emotionale Erfahrungen zu machen, lässt es uns emotional vereinsamen. Es gibt uns kein Leben, keine Liebe.

13 Partnerschaftliche Liebe morgen

Wohin entwickelt sich die Liebe? Hat sie noch einen Platz in unserem immer komplizierter werdenden Leben?

Die jungen Generationen, Generation Y, Millenniums, Generation Z und welche Bezeichnungen sie alle erhalten haben, eint ein „gutes Elternhaus". Sie haben eine gewisse Bildung und einen materiellen Wohlstand, auf dem sie meist gebettet sind und der ihnen in einer täglichen, unendlichen Flut via diverser Medienkanälen vergegenwärtigt wird. Alles scheint möglich und alles scheint zu haben.

Sie nehmen sich die Freiheit, Normen und Werte zu hinterfragen. Das haben andere Generationen auch schon getan, zum Beispiel die 68er, die Hippies und die Punks, aber heute geschieht das nicht gegen die Mehrheit, sondern ohne Widerstand und Konflikte, einfach nur für sich.

Beansprucht werden körperliches und seelisches Wohlbefinden. Glück ist wichtiger als Geld und Karriere. Arbeit soll Spaß machen. Es braucht keine Arbeitszeiten, Privatleben und Beruf fließen ineinander, sollen aber auch im Ausgleich zueinanderstehen. Denn Familie und Freunde sind auch wichtig, gerade für Singles.

Es sollen Wahlmöglichkeiten offenstehen, um die Option mit der Aussicht nach dem meisten Glück im Leben ziehen zu können. Es geht aber auch um die Suche nach dem Sinn im Leben. Also statt Berufsziel Immobilienmakler lieber etwas Soziales. Zwei Drittel der jungen Menschen sehen ihre persönliche Zukunft optimistisch.

Bei der Einstellung zur Liebe hat sich grundsätzlich nichts geändert. Nach wie vor hält fast jeder die Liebe für das höchste Glück im Leben. Und nach wie vor soll die Liebe des Lebens ewig halten.

Diese Erwartungen werden jedoch durch andere, individuelle Ansprüche torpediert. Viele wollen Freiheit für sich, sind nicht gewillt, sich moralischen oder normativen Zwängen zu unterwerfen. Sich vom Partner abhängig zu machen. Beziehungen allein wegen der Kinder aufrechtzuerhalten. Folglich suchen junge Männer und Frauen nicht unbedingt die Ehe. Die hält in Deutschland ja ohnehin nur 15 Jahre im Durchschnitt.

Die Partner sollen gleichberechtigt sein. Sie sollen eigenverantwortlich für sich selbst bestimmen können. Sie sollen nicht in festen Rollen eingebunden sein. Sex ist wichtig, ihn zu haben und die Art und Weise, aber eher als Ausdrucksweise, Verständnis und Bestätigung des eigenen Ichs.

Alles ist immer und ständig offen und im Fluss. Die Liebe entwickelt sich von einer eher romantischen hin zu einer eher rationalen, partnerschaftlichen Angelegenheit.

Damit sind junge Menschen heute in einem Dilemma. Der Wunsch nach Unendlichkeit der Liebe zum Partner versus Ansprüche an das Leben für sich selbst scheint ein nicht zu meisternder Spagat zu sein.

Paar- und Sexualtherapeut Michael Cöllen aus Hamburg hat rund 50 Jahre Berufserfahrung. Er hat eine Erfolgsquote von 70 Prozent, denn nur 30 Prozent der Paare trennen sich nach und trotz seiner Beratung. Er erzählt im Hamburger Abendblatt, dass liebende Paare heute ganz eigene Probleme haben. Er sieht in seiner Praxis immer mehr Paare, die erst kurze Zeit zusammen sind und eigentlich glücklich sind. Sie plagt die Frage, wie sie es bloß schaffen können, möglichst lange zusammenzubleiben. Sie haben die Sehnsucht nach der großen Liebe, sind aber unsicher, wie sie sie einlösen können. Cöllen stellt fest, dass es keine strukturgebenden Instanzen, keine vorgegebene Moral mehr gäbe.

Die jungen Menschen sind demnach intelligent genug, ihr Dilemma zu erkennen, aber zu unselbständig, sich Lösungen zu erarbeiten und Entscheidungen zu treffen. Sie haben den Anspruch, sich selbst zu optimieren, und sie sind es gewohnt zu fragen, wenn sie nicht mehr weiterwissen.

Wenn ich beim ersten Date gleich ins Bett gehe, was die meisten laut Cöllen tun, dann aber nicht weiß, wie es weiter gehen soll, was ich will, was ich mit dem anderen anfangen soll, wie ich mich verhalten soll, zeugt das von wenig Reife, Selbstverständnis für mich und Verantwortung für den Anderen.

Woher kommt das? Mangelnde Erziehung? Schlechtes Vorbild der Eltern mit ihren wechselnden Affären (das ist weder eine Verallgemeinerung noch ein Vorurteil, ich kenne solche Mütter und Väter)? Unsere Öffentlichkeit, die nicht als Vorbild taugt? Ist das ein Wohlstandsproblem? Ist es doch das System, der vermeintliche Anspruch auf Konsum?

Eine Rückbesinnung auf Strukturen und Ausgleich zwischen „ich" und „wir" scheint schwer angesichts mangelnder, weil als Kind nicht erlebter und nicht erlernter sozialer Kompetenzen und der von Werbung und Medien entfachten Illusionen, die jeder für sich und sein eigenes Leben verfolgt.

Stattdessen hat sich eine Lebens- und Liebesform entwickelt, die dem Dilemma entgegenkommen möchte und die auch ein Label und damit quasi eine Legitimation erhalten hat: die Polyamorie. Das sind offene Beziehungen mit mehreren Freunden oder Freundinnen, nicht nacheinander, sondern zur gleichen Zeit. Das können zwei oder zwanzig Partner sein. Sie basiert – berechtigterweise – darauf, dass Liebe kein Kontingent kennt, also zum Beispiel nur für einen Partner und zwei Kinder im Leben reicht. Liebe wird somit nicht weniger, wenn sie zur gleichen Zeit durch mehrere Menschen geteilt wird.

Polyamorie habe eine Reihe von Vorteilen. So projizierten sich nicht alle Erwartungen und Ansprüche auf einen einzigen Partner. Dadurch entstünde weniger Druck auf den Partner und in der Partnerschaft. Da je nach Motivation und Situation der Partner ausgewählt werden könne, mit dem die Zeit gerade verbracht werden soll, würden mit dem einzelnen Partner vor allem schöne Zeiten geteilt werden. Das führe zu positiven Beziehungen. Durch das offene Verständnis, dass jeder mehrere Beziehungen hat, würde schließlich die Eifersucht besiegt. Ehrlichkeit statt Exklusivität präge die Beziehungen.

Polyamorie ist damit die Illusion, sich nicht entscheiden, auf nichts verzichten, sich nichts verbieten zu müssen in der Liebe. Alles

Negative wird ausgeblendet. Alles scheint möglich und zu haben. Sie ist die Internetisierung der Beziehungen.

Noch sind es nach Schätzungen weniger als 1 Prozent der Menschen in Deutschland, die polyamor leben. Es sind gut Gebildete, die in den urbanen Zentren Deutschlands leben und der Oberschicht angehören. Es sollte mich nicht wundern, wenn sich dieser Trend wie viele andere auch von den Metropolen auf die Republik ausbreitet.

Die Möglichkeiten, sich einen Partner für eine lose Beziehung oder für die große Liebe zu suchen, sind heute größer denn je. Es gibt soziale Medien, Partnervermittlungen, Institute fürs Fremdgehen, Affären via Internet, One-Night-Stands und und und. Die Bereitschaft für Abenteuer, Ausprobieren und Affären ist ebenfalls größer. Doch ernsthaft einen Partner zu finden für das Leben oder zumindest für eine längere Zeit bleibt eine schwierige Angelegenheit.

Polyamorie hat mehr den Reiz des immer wieder Neuen, des Kennenlernens und des stets neuen Erfolgs der Begierde im Fokus. Sie verliert sich aber letztlich in Unverbindlichkeit, Beliebigkeit und Verantwortungslosigkeit dem Anderen gegenüber. Polyamorie ist zeitaufwendig, kompliziert und damit anstrengend. Aus diesen Gründen wird sie nicht selten wieder beendet. Oder weil die Eifersucht doch nicht überwunden werden kann und ein Partner seine Exklusivität fordert. Polyamorie mag für eine Phase im Leben eine gute Erfahrung sein, sie ist aber keine nachhaltige Lösung für die Liebe.

Was Tun? Sich den Fragen des Lebens, den Situationen, den Entscheidungen stellen. Wie sagt Cölln: „Dabei bedeutet Erwachsenwerden genau das: nicht immer weglaufen."

Beziehungen und Liebe bedeuten Arbeit, Zeit und Nerven. Anders ausgedrückt: Beziehungen und Liebe müssen reifen. Das setzt voraus, dass auch die Involvierten, die Partner reifen. Mit Herz und Verstand. Diesen Prozess muss jeder selbst durchleben, das kann weder Mama noch der Therapeut übernehmen.

Sich dem Leben und seinen Tücken stellen. Bei aller Selbstoptimierung wird ein Leben nicht nur geradeaus und glücklich verlaufen. Zum Leben gehören Überraschungen und Zufälle, die es interessanter machen als die stete Bestätigung durch den Algorithmus. Es gehören Rückschläge und das Scheitern dazu, ja sie sind für den Reifeprozess ungleich hilfreicher als der Erfolg, weil sie uns stärker berühren und eher lernen lassen.

Es gibt kein permanentes Glück, sondern lediglich glückliche Momente. Davon gerne möglichst viele. Wir sollten all das nicht als Schwierigkeiten bekämpfen, sondern akzeptieren und als Bereicherungen annehmen, die uns zu einer interessanten Persönlichkeit machen und uns ein erfüllteres Leben bringen.

Ich gönne den jungen Generationen alles, ihre Bildung, ihren Wohlstand, ihre Möglichkeiten, ihr Selbstverständnis. Ihre Ausgangsbasis ist nicht Gott gegeben, sondern wurde von den vorherigen Generationen erarbeitet. Auch die jungen Leute werden sich ihr Leben erarbeiten müssen. Sie werden lernen, Dellen im Leben sind keine Halluzinationen und die Liebe ist keine Illusion. In diesem Sinne ist tatsächlich alles möglich.

Ein erster Dank an Leila

„Schreib doch mal ein Buch über die Liebe" sagte Leila zu mir. Sie sagte das in ihrer sachlichen Art lakonisch dahin. Das war einige Tage bevor ich ihr – obwohl ich schon lange keiner mehr war - wie ein Schuljunge gestand, dass ich mich in sie verliebt hätte. „Das habe ich schon befürchtet" meinte sie erneut sachlich und trocken. Ich musste das loswerden, obwohl ich wusste, dass ich keine Gegenliebe empfing. Sie hatte mich mit der Ablenkung zum Buch und auch sonst vorgewarnt.

Wir hatten geflirtet. Es gab keinen Kuss, keine zärtliche Umarmung, körperlich schon gar nicht mehr. Doch wir waren uns sehr nahe. Unsere vertraulichen, ja intimen Gespräche bleiben. Das ist jedenfalls das Gefühl, das ich hatte, und die Erinnerung, die mir bleibt.

Leila war für mich Liebe auf den dritten Blick. Erst Monate, nachdem ich sie kennengelernt hatte, wandelte sie sich für mich zu einem ganz anderen Wesen. Sie war eigentlich gar nicht mein Typ. Was wollte ich? Ein romantisches Abenteuer, Sex, geliebt werden, Ablenkung vom Beziehungs-Tief, Beschützer sein? Egal, die Liebe war da, ich hatte einen euphorischen Monat. Ich war überwältigt von der Wucht, dass mir das passierte, obwohl ich damals in einer festen Beziehung war und mich eher als den kontrollierten Typ sah.

Die Ernüchterung kam schnell. Es folgte gefühlsmäßig ein chaotisches Vierteljahr. Zu der Zeit fühlte ich mich natürlich schlecht.

Rückblickend ist es großartig, denn die Verliebtheit hat mich bereichert und glücklich gemacht. Ihr verdanke ich, dieses Buch geschrie-
ben zu haben. Noch heute denke ich gerne an Leila.

Und - voilà! – das Buch ist jetzt da. Es hat sehr lange gedauert,
aber das Thema Liebe bedeutet eben Arbeit und kostet Zeit ☺.

Ein zweiter Dank an die Musen

Das Buch war ursprünglich so konzipiert, dass ich die Überschriften durch Zitate aus Rock-, Pop- und Schlager-Songs ersetzen und auch ansonsten aus Songs, die für mich eine Bedeutung haben, zitieren wollte. Ich habe das gelassen, um nicht womöglich Urheberrechte zu verletzen und Forderungen auf Schadensersatz gegen mich zu riskieren. Wenn die Musikindustrie keine kostenlose Werbung möchte – OK.

Der Titel des Buches sollte „Nur die Liebe lässt uns leben" heißen. Er war von einem deutschen Schlager inspiriert. Danke Mary Roos für dieses schöne, getragene Lied über das große Gefühl. Sie hat mit dem Lied 1972 Platz 3 beim Eurovision Song Contest geholt. Zwar bin ich kein Freund dessen, was unter der Schublade „deutscher Schlager" läuft, aber ich wollte einen schönen deutschen Titel für das Buch. Und dieses Lied mochte ich schon immer. Nicht nur in der verklärenden Rückschau, wie es bei so vielen meiner Generation heute beliebt ist, sondern schon damals, im Original. Genauso wie „Hamburg im Regen" und „Aufrecht geh´n". Wahrscheinlich war ich schon immer etwas in Mary verknallt. Sie ist bis heute immer schöner und interessanter geworden. Und immer sie selbst geblieben.

Jeder hat seine eigene Muse, von der er sich gerne küssen lässt. Populäre Musik ist einfach und direkt. Sie passt zu mir, so bin ich auch. Die Nacht gehört mir, wenn ich spät abends, mit einem Glas Laphroaig vor meiner Anlage stehe, immer wieder die Musik meines

Herzens, meiner Schmerzen und meiner Liebe höre. Das gibt mir Ausgleich, Ruhe, Kraft und Inspiration.

In keinem Song der Welt bündelt sich für mich Wehmut, Widerstand, Kraft, Hoffnung, Liebe zum Leben mehr als in „No surrender" von Bruce Springsteen in der slow version auf Springsteen live 1975-85. Bei keiner Musik entlädt sich für mich Dynamik besser als bei The Who. Keine Musik begleitet mich länger und intensiver als die von Van Morrison.

Welche Poesie, Bilderwelt oder Klänge haben Sie? Die Ihr Leben oder bestimmte Lebenslagen begleiten und unterstützen? Die Gefühle oder Situationen erinnern lassen, sich als verlässliche Katalysatoren Ihres Seelenlebens gezeigt haben? Schalten Sie ein – lassen Sie sich beseelen. Hin zu Ihren Gefühlen. Dabei stoßen Sie sicher auf das stärkste Gefühl, das Sie in sich tragen – Ihre Liebe.

 # Eine letzte Adresse

Meinen Kindern Henry, Winnie und Helen. Ihr seid das Beste und Innigste, das ich habe.

Meiner Frau Gudrun. Du hast mir meine längste und intensivste Beziehung gegeben. Nur kein Stillstand.

Meinem Leben. Du hast es nicht immer einfach mit mir gehabt, aber immer gut mit mir gemeint.

# Literatur und Medien

Abt Muho, Das Meer weist keinen Fluss zurück, Berlin Verlag,
     München
Ahlers, Christoph Joseph, Himmel auf Erden & Hölle im Kopf,
     Wilhelm Goldmann Verlag, München
Die Zeit, Hamburg
Fromm, Erich, Die Kunst des Liebens, Ullstein Verlag,
     Frankfurt am Main
Geo Wissen Liebe, Gruner + Jahr, Hamburg
Hamburger Abendblatt, Hamburg
Handelsblatt, Düsseldorf
Kast, Bas, Die Liebe und wie sich Leidenschaft erklärt, S. Fischer
     Verlag, Frankfurt am Main
Lauster, Peter, Die Liebe, Rowohlt Taschenbuch Verlag, Reinbek
Phoenix: Bordell Deutschland – Milliardengeschäft Prostitution,
     23.08.2018, 23:45 – 01:15 Uhr
Precht, Richard David, Liebe Ein unorentliches Gefühl, Wilhelm
Goldmann Verlag, München
Riedel, Ingrid, Farben In Religion, Gesellschaft, Kunst und
     Psychoherapie, Kreuz Verlag, Stuttgart
Riemann, Fritz, Die Fähigkeit zu lieben, Reinhardt Verlag,
     München
Schmid, Wilhelm, Liebe, Insel Verlag, Berlin
Schmid, Wilhelm, Glück, Insel Verlag, Berlin
Schmid, Wilhelm, Mit sich selbst befreundet sein, Suhrkamp Verlag,
     Frankfurt am Main

Schmid, Wilhelm, Unglücklich sein, Insel Verlag, Berlin

Sprenger, Reinhard K., Radikal führen, Campus Verlag, Frankfurt am Main

Steinfeldt, Jörg, Was Sie schon immer über Führung wissen wollten…, BusinessVillage, Göttingen

Stendhal, Über die Liebe, Carl Schünemann Verlag, Bremen

Süddeutsche Zeitung, München

Vonhoff, Bernd, Reischl, Gerald, Erfolgsfaktor Sinn, Verlag Carl Ueberreuter, Wien

Wikipdia

Weitere Veröffentlichungen des Autors:

Vergiss es! 99 Warnungen & 1 Tipp für Berufsanfänger,
   BusinessVillage, Göttingen
Die Burn-out-Mode. Mediziner, Manager, Mythen. Der Hype und
   die Realität, BusinessVillage, Göttingen
Was Sie schon immer über Führung wissen wollten ... und was
   davon bereits in Ihnen steckt, BusinessVillage, Göttingen

Zeitfracht Medien GmbH
Ferdinand-Jühlke-Straße 7
99095 Erfurt, Deutschland
produktsicherheit@kolibri360.de